PÕHJALIK JUHEND DONUTSIDE VALMISTAMISEKS

100 pehmet, kohevat ja mõnusat sõõrikuretsepti

Niina Ilves

Autoriõigus materjal ©2023

Kõik õigused kaitstud

Ühtegi selle raamatu osa ei tohi mingil kujul ega vahenditega kasutada ega edastada ilma kirjastaja ja autoriõiguste omaniku nõuetekohase kirjaliku nõusolekuta, välja arvatud ülevaates kasutatud lühikesed tsitaadid. Seda raamatut ei tohiks pidada meditsiiniliste, juriidiliste või muude professionaalsete nõuannete asendajaks.

SISUKORD

SISUKORD 3
SISSEJUHATUS 6
PÕHIRETSEPT 7
   1. Põhiline kergitatud tainas sõõrikute jaoks 8
VEGGIE DONUTS 10
   2. Minikõrvitsavalgu sõõrikud 11
   3. Ube sõõrikud kookosglasuuriga 13
   4. Küpsetatud porgandikoogi sõõrikud 15
   5. Spinati ja feta sõõrikud 17
   6. Suvikõrvits ja Cheddari sõõrikud 19
   7. Maguskartuli ja kookose sõõrikud 21
   8. Peedi ja tumeda šokolaadi sõõrikud 23
   9. Porgandikoogi sõõrikud 25
   10. Maguskartuli sõõrikud 27
   11. Suvikõrvitsa šokolaaditükkidega sõõrikud 29
   12. Kõrvitsa mandlipiima sõõrikud 31
   13. Peedi- ja šokolaadisõõrikud 33
   14. Butternut Squash Spice Donuts 35
   15. Brokkoli ja Cheddari sõõrikud 37
   16. Lehtkapsa ja küüslaugu sõõrikud 39
JUUSTUSÕIKUD 41
   17. Tiramisu sõõrikud 42
   18. Mini Ricotta Donuts täidisega Nutella 45
   19. Cheddari ja Jalapeño juustu sõõrikud 47
   20. Sinihallitusjuustu ja peekonisõõrikud 49
   21. Kitsejuust ja viigimarjad 51
   22. Feta ja spinati sõõrikud 53
   23. Gouda ja singi sõõrikud 55
Vürtsitud sõõrikud 57
   24. Kaneelivalgu sõõrikud 58
   25. Vürtsikad Hispaania sõõrikud 60
   26. Muskaatpähkel sõõriku muffinid 62
   27. Apple Cider Paleo Donuts 64
   28. Kaneelisuhkru sõõrikud 66
   29. Piparkoogid 68
   30. Kardemoni vürtsidega sõõrikud 70
   31. Õunasiidri sõõrikud 72
   32. Pumpkin Spice Donuts 74
ŠOKOLAADI DONUTS 76

33. Šokolaadikoogi sõõrikud 77
34. Küpsetatud Oreo sõõrikud 79
35. Oreo šokolaadisõõrik 81
36. Chocolate Cannoli Donuts 83
37. Glasuuritud kohevad šokolaadisõõrikud 86
38. Red Velvet Baked Donuts 88
39. Cacao & Moringa Donuts 90

LILLESÕIRUSED 93
40. Butterfly Herne Glasuuritud sõõrikud 94
41. Lavendli mee sõõrikud 96
42. Rosewater Donuts 98
43. Leedriõie sõõrikud 100
44. Kummeli sidrunisõõrikud 102
45. Apelsiniõie sõõrikud 104
46. Violetsed vaniljesõõrikud 106
47. Leedriõie glasuursõõrikud 108
48. Kummeli mee sõõrikud 110

PUUVILJASÕÕRKAD 112
49. Kirsi- ja šokolaadisõõrikud 113
50. Ananassi Baileys Donuts 115
51. Yuzu-kohupiima sõõrikud 117
52. Sidrunisõõrikud pistaatsiapähklitega 120
53. Passionfruit Curd Donuts 123
54. Mustikakoogi sõõrikud 127

SEEMNE DONUTS 129
55. Sidruni-mooniseemne sõõrikud 130
56. Täisterakõrvitsaseemne sõõrikud 132
57. Chia seemne sõõrikud 135
58. Seesamiseemne sõõrikud 137
59. Mooniseemnesõõrikud 139
60. Linaseemnesõõrikud 141
61. Päevalilleseemne sõõrikud 143

PÄHKLISÕÕRKAD 145
62. Sarapuupähkli pealissõõrik 146
63. Röstitud kookose küpsetatud sõõrikud 148
64. Maple Walnut Donuts 151
65. Mandel Joy Donuts 153
66. Maapähklivõi sõõrikud 155
67. Sarapuupähkli Mocha sõõrikud 157
68. Pistaatsia sõõrikud 159
69. Kreeka pähkli karamelli sõõrikud 161

MOOS JA JELLY **163**
70. Moosisõõrikud 164
71. Black Forest Cherry Jam Donuts 166
72. Vaarika-kreemjuustu tarretised sõõrikud 169
73. Lemon Curd Donuts 171
74. Muraka glasuuritud sõõrikud 174
75. Karamell-õunasõõrikud 177
76. Nutella-täidisega sõõrikud 180

MÖÖDAVAD DONUTS **183**
77. Röstitud Baileysi küpsetatud sõõrikud 184
78. Margarita sõõrikud 187
79. Brändi ja moosisõõrikud 190
80. Irish Coffee Donuts 193
81. Bourbon Maple Bacon Donuts 195
82. Šampanja Vaarika sõõrikud 197
83. Kahlua šokolaadisõõrikud 199
84. Rumm-karamelliga glasuuritud sõõrikud 201
85. Tequila laimi sõõrikud 203
86. Baileysi šokolaadisõõrikud 205
87. Rumm Rosina sõõrikud 207
88. Mimosa sõõrikud 209
89. Guinness Chocolate Stout Donuts 211

TERAVILJA JA KAUUNILJAD **213**
90. Maisileiva sõõrikud 214
91. Kinoa ja musta oa sõõrikud 216
92. Kikerhernejahu ja köögiviljasõõrikud 218
93. Läätse ja pruuni riisi sõõrikud 220
94. Hirsi- ja kikerhernesõõrikud 222
95. Tatra ja punase läätse sõõrikud 224
96. Kikerherne ja maguskartuli sõõrikud 226
97. Läätse ja kinoa sõõrikud 228
98. Musta oa ja pruuni riisi sõõrikud 230
99. Kinoa ja kikerhernejahu sõõrikud 232
100. Läätse- ja tatrasõõrikud 234

KOKKUVÕTE **236**

SISSEJUHATUS

Tere tulemast omatehtud sõõrikute maailma! See kokaraamat on täis maitsvaid ja hõlpsasti järgitavaid sõõrikuretsepte, mis rahuldavad teie magusaisu ning avaldavad muljet teie sõpradele ja perele. Alates klassikalistest glasuuritud sõõrikutest kuni ainulaadsete koostisainetega sõõrikuteni – selles kokaraamatus leidub igaühele midagi.

Kodus sõõrikute valmistamine võib tunduda hirmutav, kuid õigete tööriistade ja koostisosadega on see lõbus ja rahuldust pakkuv kogemus. Omatehtud sõõrikud ei maitse mitte ainult suurepäraselt, vaid tunnete ka rahulolu, kui saate midagi nullist luua. Niisiis, haara põll, kuumuta ahi või pann kuumaks ja alustame!

PÕHIRETSEPT

1. Põhiline kergitatud tainas sõõrikute jaoks

KOOSTISOSAD:
- ½ tassi võid või muud rasvainet
- ¼ tassi suhkrut
- 1 tass kõrvetatud piima
- ½ tl vanilli
- ¾ teelusikatäit soola
- 4 tassi jahu
- 1 unts presspärmi
- 2 spl vett
- 2 muna, hästi pekstud

JUHISED:
a) Vala kõrvetatud piim või ja suhkru peale. Lisa soola.
b) Kui see on sulanud, lisa lahtiklopitud muna ja vanill.
c) Kui see on leige, lisage pärm, mis on segatud 2 spl veega.
d) Lisa vähehaaval sõelutud universaalne jahu, et moodustuks pehme tainas.
e) Kui tainas on segamisel jäik, keerake tainas lusikaga jahusel laual lahti ja lisage ainult nii palju jahu, et moodustuks pehme tainas.

VEGGIE DONUTS

2.Minikõrvitsavalgu sõõrikud

KOOSTISOSAD:
- 1 tass valget täisterajahu
- ½ tassi vanilje vadakuvalgu pulbrit
- ⅓ tassi kindlalt pakitud helepruuni suhkrut
- 1 ½ teelusikatäit küpsetuspulbrit
- 1 tl kõrvitsapiruka vürtsi
- ¼ teelusikatäit koššersoola
- 1 tass konserveeritud kõrvitsapüreed
- 3 spl soolata võid, sulatatud
- 2 suurt munavalget
- 2 supilusikatäit 2% piima
- 1 tl jahvatatud kaneeli
- ⅓ tassi granuleeritud suhkrut
- 2 spl soolata võid, sulatatud

JUHISED:

a) Kuumuta ahi 350 kraadini F. Katke sõõrikupanni tassid mittenakkuva pihustiga.
b) Sega suures kausis jahu, valgupulber, pruun suhkur, küpsetuspulber, kõrvitsapiruka vürts ja sool.
c) Vahusta suures klaasist mõõtetopsis või teises kausis kõrvits, või, munavalged ja piim.
d) Valage märg segu kuivainetele ja segage kummist spaatliga, kuni see on niiske.
e) Tõsta tainas ühtlaselt sõõrikuvormi. Küpseta 8–10 minutit, kuni sõõrikud on kergelt pruunistunud ja puudutamisel tagasi vetsuvad. Jahuta 5 minutit.
f) Sega väikeses kausis kaneel ja suhkur. Kasta iga sõõrik sulavõisse ja seejärel kaneelisuhkrusse.
g) Serveeri soojalt või toatemperatuuril. Hoida õhukindlas anumas kuni 5 päeva.

3. Ube sõõrikud kookosglasuuriga

KOOSTISOSAD:
SÖÖRIKU JAOKS
- ¼ tassi taimeõli
- ½ tassi petipiima
- 2 suurt muna
- ½ tassi suhkrut
- ½ teelusikatäit soola
- 1 tl küpsetuspulbrit
- 2 tl ube ekstrakti
- 1 tassi jahu

JÄÄSTUSEKS
- 2 tassi tuhksuhkrut
- 4 spl kookospiima
- 1 spl piima
- ¼-½ teelusikatäit Ube ekstrakti
- ½ tassi magustamata hakitud kookospähklit

JUHISED:
a) Kuumuta ahi 350 kraadini.
b) Pihustage sõõrikupanni mittenakkuva pihustiga.
c) Sega õli, petipiim, munad, suhkur, sool, küpsetuspulber ja ube ekstrakt kuni seguni.
d) Sega juurde jahu ja sega ühtlaseks. Tõsta taignast lusikaga sõõrik umbes ¾ täis.
e) Küpseta sõõrikud 15 minutit.
f) Eemaldage ahjust, laske 5 minutit jahtuda, seejärel eemaldage sõõrikud pannilt.
g) jahtudes valmistage glasuur, vahustades kokku tuhksuhkru, piima ja ube ekstrakti.
h) kui see on jahtunud, kasta iga sõõrik poolenisti glasuuri sisse ja aseta restile kuivama. Soovi korral puista peale kookoshelvest.

4.Küpsetatud porgandikoogi sõõrikud

KOOSTISOSAD:
- ⅓ tassi petipiima
- 1 tl valget äädikat
- 45 g sulatatud võid n jahutatult
- 1 tass universaalset jahu
- 1 tl küpsetuspulbrit
- ½ tl kaneeli
- ½ tl muskaatpähklit
- ¼ teelusikatäit soola
- ¼ tassi suhkrut
- 2 supilusikatäit mesi
- 1 suur muna
- 1 tl vaniljeekstrakti
- ½ tassi porgandit

JUHISED:
a) Kuumuta ahi 200 kraadini. Määri sõõrikupann või valmista ise. Mina kasutasin muffinipanni ja alumiiniumfooliumisse mässitud otsikuid
b) Valmistage kõik koostisosad ette ja pange oma tööpiirkonda kokku
c) Vahusta suures kausis piim, äädikas, sulavõi, mesi, suhkur, muna ja vanill.
d) Lisa porgand ja sega hästi
e) Lisage koos küpsetisega sõelutud jahu, seejärel segage vürtse, kuni see on hästi segunenud
f) Täitke kott porganditaignaga, valage taigen ühtlaselt pannile, täites umbes ⅔
g) Küpseta 12-15 minutit või kuni kuldpruunini. Lase pannil mõni minut jahtuda, seejärel tõsta restile täielikult jahtuma.
h) Kaunistamiseks: sulata valge šokolaad topeltkatlas ja vala Donut'sile.
i) Kaunista kuivatatud kookospähkli ja puistaga
j) Naudi oma eelistatud joogiga.

5.Spinat ja feta sõõrikud

KOOSTISOSAD:
- 1 tass universaalset jahu
- ½ tassi täistera nisujahu
- ½ tassi hakitud värsket spinatit
- ½ tassi murendatud fetajuustu
- ⅓ tassi piima
- ⅓ tassi tavalist kreeka jogurtit
- ¼ tassi oliiviõli
- 1 tl küpsetuspulbrit
- ½ tl söögisoodat
- ¼ teelusikatäit soola
- 2 küüslauguküünt, hakitud
- ¼ tl musta pipart

JUHISED:
a) Kuumuta ahi temperatuurini 350 °F (180 °C).
b) Vahusta suures kausis jahud, küpsetuspulber, sooda, sool ja must pipar.
c) Teises kausis sega omavahel hakitud spinat, murendatud fetajuust, piim, kreeka jogurt, oliiviõli, hakitud küüslauk.
d) Lisa märjad koostisosad kuivadele koostisosadele ja sega ühtlaseks massiks.
e) Tõsta tainas lusikaga määritud sõõrikuvormi ja küpseta 12–15 minutit või kuni keskele torgatud hambaork tuleb puhtana välja.
f) Lase pannil 5 minutit jahtuda, enne kui tõstad restile täielikult jahtuma.

6.Suvikõrvits ja Cheddari sõõrikud

KOOSTISOSAD:

- 1 tass universaalset jahu
- ½ tassi täistera nisujahu
- ½ tassi riivitud suvikõrvitsat
- ½ tassi hakitud Cheddari juustu
- ⅓ tassi piima
- ¼ tassi oliiviõli
- 1 tl küpsetuspulbrit
- ½ tl söögisoodat
- ¼ teelusikatäit soola
- ¼ tl musta pipart
- ¼ tl küüslaugupulbrit

JUHISED:

a) Kuumuta ahi temperatuurini 350 °F (180 °C).
b) Vahusta suures kausis jahud, küpsetuspulber, sooda, sool, must pipar ja küüslaugupulber.
c) Teises kausis sega omavahel riivitud suvikõrvits, riivitud Cheddari juust, piim ja oliiviõli.
d) Lisa märjad koostisosad kuivadele koostisosadele ja sega ühtlaseks massiks.
e) Tõsta tainas lusikaga määritud sõõrikuvormi ja küpseta 12–15 minutit või kuni keskele torgatud hambaork tuleb puhtana välja.
f) Lase pannil 5 minutit jahtuda, enne kui tõstad restile täielikult jahtuma.

7.Maguskartuli ja kookose sõõrikud

KOOSTISOSAD:

- 1 tass universaalset jahu
- ½ tassi täistera nisujahu
- ½ tassi maguskartulipüree
- ½ tassi kookospiima
- ⅓ tassi pruuni suhkrut
- ¼ tassi taimeõli
- 1 tl küpsetuspulbrit
- ½ tl söögisoodat
- ¼ teelusikatäit soola
- ¼ tl jahvatatud ingverit
- ¼ tl jahvatatud kaneeli

JUHISED:

a) Kuumuta ahi temperatuurini 350 °F (180 °C).
b) Vahusta suures kausis jahud, küpsetuspulber, sooda, sool, jahvatatud ingver ja jahvatatud kaneel.
c) Teises kausis segage kartulipüree, kookospiim, pruun suhkur ja taimeõli.
d) Lisa märjad koostisosad kuivadele koostisosadele ja sega ühtlaseks massiks.
e) Tõsta tainas lusikaga määritud sõõrikuvormi ja küpseta 12–15 minutit või kuni keskele torgatud hambaork tuleb puhtana välja.
f) Lase pannil 5 minutit jahtuda, enne kui tõstad restile täielikult jahtuma.

8.Peedi ja tumeda šokolaadi sõõrikud

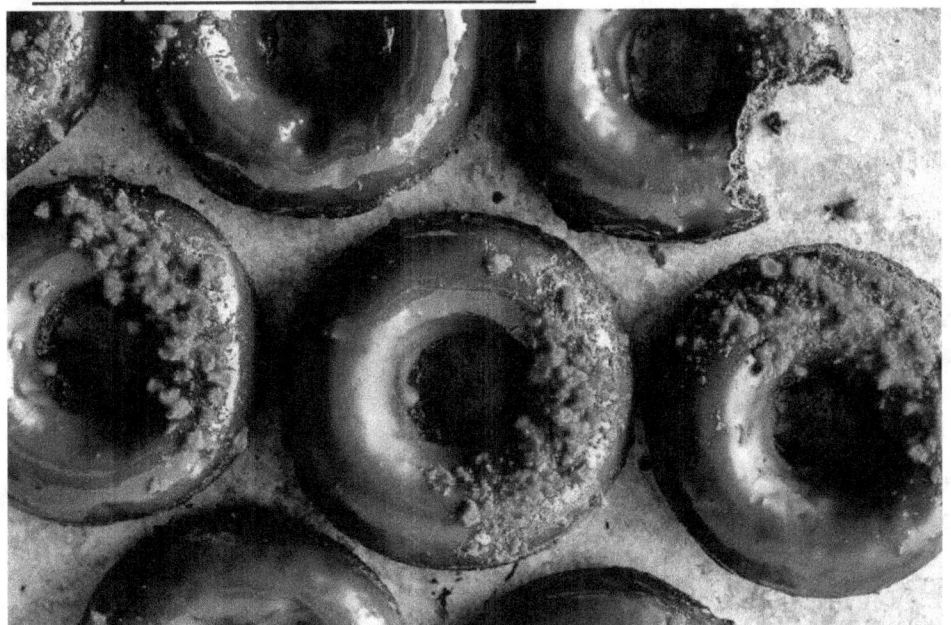

KOOSTISOSAD:
- 1 tass universaalset jahu
- ½ tassi täistera nisujahu
- ½ tassi riivitud toorest punapeeti
- ⅓ tassi mett
- ¼ tassi taimeõli
- ¼ tassi magustamata kakaopulbrit
- 1 tl küpsetuspulbrit
- ½ tl söögisoodat
- ¼ teelusikatäit soola
- ¼ tassi tumeda šokolaadi laastud

JUHISED:
a) Kuumuta ahi temperatuurini 350 °F (180 °C).
b) Vahusta suures kausis jahud, küpsetuspulber, sooda, sool ja kakaopulber.
c) Teises kausis sega omavahel riivitud peet, mesi, taimeõli ja tumeda šokolaadi laastud.
d) Lisa märjad koostisosad kuivadele koostisosadele ja sega ühtlaseks massiks.
e) Tõsta tainas lusikaga määritud sõõrikuvormi ja küpseta 12–15 minutit või kuni keskele torgatud hambaork tuleb puhtana välja.
f) Lase pannil 5 minutit jahtuda, enne kui tõstad restile täielikult jahtuma.

9.Porgandikoogi sõõrikud

KOOSTISOSAD:
1 1/2 tassi universaalset jahu
1/2 tassi granuleeritud suhkrut
1 1/2 teelusikatäit küpsetuspulbrit
1/2 tl söögisoodat
1/2 tl jahvatatud kaneeli
1/4 tl jahvatatud muskaatpähklit
1/4 teelusikatäit soola
3/4 tassi riivitud porgandit
1/2 tassi magustamata õunakastet
1/4 tassi taimeõli
1/4 tassi mandlipiima
1 tl vaniljeekstrakti

JUHISED:
Kuumuta ahi temperatuurini 350 °F (175 °C) ja määri sõõrikuvorm.
Vahusta segamiskausis jahu, suhkur, küpsetuspulber, sooda, kaneel, muskaatpähkel ja sool.
Lisa kuivainetele riivitud porgandid, õunakaste, taimeõli, mandlipiim ja vaniljeekstrakt. Segage, kuni see on hästi segunenud.
Tõsta tainas lusikaga ettevalmistatud sõõrikupannile, täites iga süvend umbes 2/3 ulatuses.
Küpseta 12-15 minutit või kuni sõõrikutesse torgatud hambaork tuleb puhtana välja.
Lase sõõrikutel mõni minut pannil jahtuda, enne kui tõstad need restile täielikult jahtuma.

10. Maguskartuli sõõrikud

KOOSTISOSAD:
1 tass keedetud ja püreestatud maguskartulit
1/2 tassi mandlipiima
1/4 tassi vahtrasiirupit
2 spl sulatatud kookosõli
1 tl vaniljeekstrakti
1 tass universaalset jahu
1 tl küpsetuspulbrit
1/2 tl söögisoodat
1/2 tl jahvatatud kaneeli
1/4 tl jahvatatud muskaatpähklit
1/4 teelusikatäit soola

JUHISED:
Kuumuta ahi temperatuurini 350 °F (175 °C) ja määri sõõrikuvorm.
Vahusta kausis kartulipüree, mandlipiim, vahtrasiirup, sulatatud kookosõli ja vaniljeekstrakt.
Segage eraldi kausis universaalne jahu, küpsetuspulber, sooda, kaneel, muskaatpähkel ja sool.
Lisage kuivained järk-järgult märgadele koostisosadele, segades, kuni need on lihtsalt segunenud.
Tõsta tainas lusikaga ettevalmistatud sõõrikupannile, täites iga süvend umbes 2/3 ulatuses.
Küpseta 12-15 minutit või kuni sõõrikutesse torgatud hambaork tuleb puhtana välja.
Lase sõõrikutel mõni minut pannil jahtuda, enne kui tõstad need restile täielikult jahtuma.

11.Suvikõrvitsa šokolaaditükkidega sõõrikud

KOOSTISOSAD:
1 tass hakitud suvikõrvitsat
1/2 tassi magustamata õunakastet
1/4 tassi vahtrasiirupit
2 spl sulatatud kookosõli
1 tl vaniljeekstrakti
1 tass universaalset jahu
1/4 tassi kakaopulbrit
1/2 tl küpsetuspulbrit
1/2 tl söögisoodat
1/4 teelusikatäit soola
1/4 tassi vegan šokolaaditükke

JUHISED:
Kuumuta ahi temperatuurini 350 °F (175 °C) ja määri sõõrikuvorm.
Sega kausis kokku tükeldatud suvikõrvits, õunakaste, vahtrasiirup, sulatatud kookosõli ja vaniljeekstrakt.
Vahusta eraldi kausis universaalne jahu, kakaopulber, küpsetuspulber, sooda ja sool.
Lisage kuivained järk-järgult märgadele koostisosadele, segades, kuni need on lihtsalt segunenud.
Voldi sisse šokolaaditükid.
Tõsta tainas lusikaga ettevalmistatud sõõrikupannile, täites iga süvend umbes 2/3 ulatuses.
Küpseta 12-15 minutit või kuni sõõrikutesse torgatud hambaork tuleb puhtana välja.
Lase sõõrikutel mõni minut pannil jahtuda, enne kui tõstad need restile täielikult jahtuma.

12.Kõrvitsa mandlipiima sõõrikud

KOOSTISOSAD:

1 tass kõrvitsapüreed
1/2 tassi mandlipiima
1/4 tassi vahtrasiirupit
2 spl sulatatud kookosõli
1 tl vaniljeekstrakti
1 1/2 tassi universaalset jahu
1 tl küpsetuspulbrit
1/2 tl söögisoodat
1/2 tl jahvatatud kaneeli
1/4 teelusikatäit soola

JUHISED:

Kuumuta ahi temperatuurini 350 °F (175 °C) ja määri sõõrikuvorm.
Vahusta kausis kõrvitsapüree, mandlipiim, vahtrasiirup, sulatatud kookosõli ja vaniljeekstrakt.
Segage eraldi kausis universaalne jahu, küpsetuspulber, sooda, kaneel ja sool.
Lisage kuivained järk-järgult märgadele koostisosadele, segades, kuni need on lihtsalt segunenud.
Tõsta tainas lusikaga ettevalmistatud sõõrikupannile, täites iga süvend umbes 2/3 ulatuses.
Küpseta 12-15 minutit või kuni sõõrikutesse torgatud hambaork tuleb puhtana välja.
Lase sõõrikutel mõni minut pannil jahtuda, enne kui tõstad need restile täielikult jahtuma.

13.Peedi- ja šokolaadisõõrikud

KOOSTISOSAD:
1 tass keedetud ja püreestatud peeti
1/2 tassi mandlipiima
1/4 tassi vahtrasiirupit
2 spl sulatatud kookosõli
1 tl vaniljeekstrakti
1 tass universaalset jahu
1/4 tassi kakaopulbrit
1/2 tl küpsetuspulbrit
1/2 tl söögisoodat
1/4 teelusikatäit soola

JUHISED:
Kuumuta ahi temperatuurini 350 °F (175 °C) ja määri sõõrikuvorm.
Sega kausis püreestatud peet, mandlipiim, vahtrasiirup, sulatatud kookosõli ja vaniljeekstrakt.
Vahusta eraldi kausis universaalne jahu, kakaopulber, küpsetuspulber, sooda ja sool.
Lisage kuivained järk-järgult märgadele koostisosadele, segades, kuni need on lihtsalt segunenud.
Tõsta tainas lusikaga ettevalmistatud sõõrikupannile, täites iga süvend umbes 2/3 ulatuses.
Küpseta 12-15 minutit või kuni sõõrikutesse torgatud hambaork tuleb puhtana välja.
Lase sõõrikutel mõni minut pannil jahtuda, enne kui tõstad need restile täielikult jahtuma.

14. Butternut Squash Spice Donuts

KOOSTISOSAD:

1 tass keedetud ja purustatud kõrvitsat
1/2 tassi mandlipiima
1/4 tassi vahtrasiirupit
2 spl sulatatud kookosõli
1 tl vaniljeekstrakti
1 1/2 tassi universaalset jahu
1 tl küpsetuspulbrit
1/2 tl söögisoodat
1/2 tl jahvatatud kaneeli
1/4 tl jahvatatud muskaatpähklit
1/4 tl jahvatatud nelki
1/4 teelusikatäit soola

JUHISED:

Kuumuta ahi temperatuurini 350 °F (175 °C) ja määri sõõrikuvorm.

Sega kausis kokku püreestatud kõrvits, mandlipiim, vahtrasiirup, sulatatud kookosõli ja vaniljeekstrakt.

Segage eraldi kausis universaalne jahu, küpsetuspulber, sooda, kaneel, muskaatpähkel, nelk ja sool.

Lisage kuivained järk-järgult märgadele koostisosadele, segades, kuni need on lihtsalt segunenud.

Tõsta tainas lusikaga ettevalmistatud sõõrikupannile, täites iga süvend umbes 2/3 ulatuses.

Küpseta 12-15 minutit või kuni sõõrikutesse torgatud hambaork tuleb puhtana välja.

Lase sõõrikutel mõni minut pannil jahtuda, enne kui tõstad need restile täielikult jahtuma.

15.Brokkoli ja Cheddari sõõrikud

KOOSTISOSAD:
1 1/2 tassi universaalset jahu
1/2 tassi maisijahu
1 spl küpsetuspulbrit
1/2 teelusikatäit soola
1 tass hakitud aurutatud brokolit
1/2 tassi riivitud Cheddari juustu
1/4 tassi taimeõli
1/2 tassi mandlipiima
1 supilusikatäis toitainepärmi (valikuline)

JUHISED:
Kuumuta ahi temperatuurini 350 °F (175 °C) ja määri sõõrikuvorm.
Segage segamiskausis universaalne jahu, maisijahu, küpsetuspulber ja sool.
Lisa tükeldatud brokoli, riivitud Cheddari juust, taimeõli, mandlipiim ja toitepärm (kui kasutad). Segage, kuni see on hästi segunenud.
Tõsta tainas lusikaga ettevalmistatud sõõrikupannile, täites iga süvend umbes 2/3 ulatuses.
Küpseta 12-15 minutit või kuni sõõrikutesse torgatud hambaork tuleb puhtana välja.
Lase sõõrikutel mõni minut pannil jahtuda, enne kui tõstad need restile täielikult jahtuma.

16.Kapsa ja küüslaugu sõõrikud

KOOSTISOSAD:
1 1/2 tassi universaalset jahu
1/2 tassi maisijahu
1 spl küpsetuspulbrit
1/2 teelusikatäit soola
1 tass hakitud lehtkapsast (blanšeeritud ja kuivaks pressitud)
2 küüslauguküünt, hakitud
1/4 tassi oliiviõli
1/2 tassi mandlipiima

JUHISED:
Kuumuta ahi temperatuurini 350 °F (175 °C) ja määri sõõrikuvorm.
Segage segamiskausis universaalne jahu, maisijahu, küpsetuspulber ja sool.
Lisa hakitud lehtkapsas, hakitud küüslauk, oliiviõli ja mandlipiim. Segage, kuni see on hästi segunenud.
Tõsta tainas lusikaga ettevalmistatud sõõrikupannile, täites iga süvend umbes 2/3 ulatuses.
Küpseta 12-15 minutit või kuni sõõrikutesse torgatud hambaork tuleb puhtana välja.
Lase sõõrikutel mõni minut pannil jahtuda, enne kui tõstad need restile täielikult jahtuma.

JUUSTUSÕIKUD

17. Tiramisu sõõrikud

KOOSTISOSAD:
PÄRMISÕÕRKELE
- ½ tassi sooja vett
- 2 ja ¼ tl aktiivset kuivpärmi
- ½ tassi sooja petipiima
- 1 suur muna, lahtiklopitud
- ¼ tassi sulatatud võid
- ¼ tassi suhkrut
- ½ tl soola
- 3 tassi universaalset jahu, lisaks sõtkumiseks

KOHVIKREEMI TÄIDISEKS
- ¾ tassi vahukoort, külm
- ½ tassi tuhksuhkrut
- 1 tl vanilli
- ¾ tassi mascarpone juustu
- 2 spl keedetud kohvi, külm

VALGE ŠOKOLAADI GLASUURI JAOKS
- 150 grammi valget šokolaadi
- 4 spl vahukoort
- kakaopulber sõõrikute pealmiste tolmustamiseks

JUHISED:
a) Segamisnõusse lisage soe vesi. Puista peale pärm ja umbes 1 tl suhkrut. Laske sellel segul seista 5-7 minutit või kuni vahuni. Lisa pett, muna, sulavõi, ülejäänud suhkur ja sool. Segage kõike puulusikaga, kuni kõik on segunenud.
b) Lisa üks tass korraga 3 tassi jahu ja sega, kuni segu hakkab moodustama pulstunud massi. Jätkake segamist, kuni keskele moodustub lahtine tainas.
c) Puista puhas tööpind jahuga üle. Pöörake tainas ümber ja sõtke, kuni tainas on ühtlane ja elastne, vajaduse korral pühkige käed ja laud jahuga üle. Selle testimiseks võtke väike osa tainast käest välja ja venitage see sõrmedega välja, et moodustada ruut. Tainas peaks moodustama keskelt läbipaistva kile. Seda tuntakse ka kui aknapaani testi. Vormi sõtkutud tainas palliks. Asetage see kaussi ja katke see puhta rätikuga. Laske sellel kerkida 1 ja ½ kuni 2 tundi või kuni see kahekordistub. Vahepeal lõigake ruudukujulisest pärgamentpaberist 12–14 tükki, mis on umbes 4–5 tolli.

d) Kui tainas on kerkinud, tühjendage see õrnalt. Rulli üks osa tainast kergelt jahusel pinnal ½ tolli paksuseks krobeliseks ristkülikuks. Kasutades 3-tollise läbimõõduga küpsisevormi, lõigake tainast välja nii palju ringe, kui saate. Korrake sama teise taignapoolega.

e) Asetage iga vormitud tainas ruudukujulisele küpsetuspaberile ja asetage need suurele ahjuplaadile. Kata pann lõdvalt puhta köögirätikuga ja lase uuesti kerkida 30-40 minutit või kuni see on pehme ja paisunud.

f) Kuumuta laial paksupõhjalisel pannil umbes 3–4 tolli rapsiõli. Kui õli on saavutanud 350 F, langetage 2–3 sõõrikut korraga, vabastades need ettevaatlikult küpsetuspaberilt, ja prae mõlemalt poolt kuldseks, kokku umbes 1–3 minutit. Sõõrikud pruunistuvad kiiresti, nii et jälgige neid tähelepanelikult. Nõruta praetud sõõrikud restil, mis on paberrätikuga kaetud ahjuplaadi peal. Enne täitmist laske neil täielikult jahtuda.

TEE TIRAMISU TÄIDIST

g) Sega mikseri kausis vahukoor, tuhksuhkur ja vaniljeekstrakt. Vahusta segu vispli abil paksuks ja kohevaks. Lisa mascarpone juust ja külm kohv ning klopi ühtlaseks.

h) Tõsta kreem kinnitusega torukotti või täitekinnitusega küpsisepressi.

i) Torka sõõriku külge sõrme või torujuhtme kinnitusega auk. Tehke sõrmedega sõõriku sisse õõnsust, tehes sees pühkimisliigutust. Nirista sisse tiramisukreemi, kuni sõõrikud paisuvad.

TEE VALGE ŠOKOLAADI GLAASI

j) Haki šokolaad väikesteks tükkideks ja aseta laia kuumakindlasse kaussi. Vala vahukoor mikrolaineahjukindlasse kaussi ja kuumuta mikrolaineahjus, kuni küljed hakkavad mullitama umbes 15-30 sekundit

18. Nutellaga täidetud mini Ricotta sõõrikud

KOOSTISOSAD:
- rapsiõli (praadimiseks)
- ¾ tassi universaalset jahu
- 2 tl küpsetuspulbrit
- ¼ teelusikatäit soola
- 1 tass ricotta juustu
- 2 suurt muna
- 2 supilusikatäit granuleeritud suhkrut
- 2 tl vaniljeekstrakti
- ½ tassi Nutellat
- tuhksuhkur (valikuline)

JUHISED:
a) Vahusta väikeses kausis jahu, küpsetuspulber ja sool; kõrvale panema.
b) Vahusta suures segamiskausis ricotta juust, munad, suhkur ja vanill. Lisage kuivained ja segage, kuni see on hästi segunenud.
c) Valage rapsiõli sügavasse, umbes 1½ tolli sügavusse paksu põhjaga potti. Kuumuta õli temperatuurini umbes 370 ° F, kasutades friteerimistermomeetrit.
d) Tõsta supilusikasuurused taignapallid õrnalt õlisse, kukutades sujuvalt maha, et saada võimalikult ümar pall. Prae 4-5 tükki korraga, aeg-ajalt keerates kuldseks, 3-4 minutit. Tõsta sõõrikud tangide abil paberrätikule nõrguma. Korrake, kuni tainas on otsas. Laske sõõrikutel jahtuda, kuni neid on lihtne käsitseda.
e) Viige Nutella pika terava otsaga süstlasse või torukotti. Võib olla kasulik soojendada Nutellat mikrolaineahjus umbes 30 sekundit. Torka sõõrikutesse väike auk, sisesta süstal ja täida Nutellaga. Kogused võivad varieeruda, kuid peaksite saama hea ülevaate, kui palju Nutellat igasse sisse läheb. Korrake sama kõigi sõõrikutega.
f) Puista soovi korral üle tuhksuhkruga ja serveeri.

19.Cheddari ja Jalapeño juustu sõõrikud

KOOSTISOSAD:

- 2 tassi universaalset jahu
- 1 spl küpsetuspulbrit
- ½ tl soola
- ¼ tassi soolata võid, sulatatud
- 1 tass piima
- 2 suurt muna
- ½ tassi hakitud Cheddari juustu
- ¼ tassi marineeritud jalapeñot, tükeldatud

JUHISED:

a) Kuumuta ahi temperatuurini 375 °F (190 °C) ja määri sõõrikupann küpsetuspritsiga.
b) Vahusta segamiskausis jahu, küpsetuspulber ja sool.
c) Sega eraldi kausis kokku sulatatud või, piim ja munad.
d) Lisage märjad koostisosad kuivadele koostisosadele ja segage, kuni need on hästi segunenud.
e) Voldi sisse riivitud cheddari juust ja hakitud jalapeño.
f) Tõsta tainas lusikaga ettevalmistatud sõõrikuvormi, täites iga vormi umbes ¾ ulatuses.
g) Küpseta 12-15 minutit või kuni sõõrikud on kuldpruunid.
h) Võta ahjust välja ja lase 5 minutit jahtuda enne vormilt võtmist.

20. Sinihallitusjuustu ja peekoni sõõrikud

KOOSTISOSAD:

- 2 tassi universaalset jahu
- 1 spl küpsetuspulbrit
- ½ tl soola
- ¼ tassi soolata võid, sulatatud
- 1 tass piima
- 2 suurt muna
- ½ tassi purustatud sinihallitusjuustu
- ¼ tassi keedetud peekonit, purustatud

JUHISED:

a) Kuumuta ahi temperatuurini 375 °F (190 °C) ja määri sõõrikupann küpsetuspritsiga.
b) Vahusta segamiskausis jahu, küpsetuspulber ja sool.
c) Sega eraldi kausis kokku sulatatud või, piim ja munad.
d) Lisage märjad koostisosad kuivadele koostisosadele ja segage, kuni need on hästi segunenud.
e) Voldi hulka murendatud sinihallitusjuust ja keedetud peekon.
f) Tõsta tainas lusikaga ettevalmistatud sõõrikuvormi, täites iga vormi umbes ¾ ulatuses.
g) Küpseta 12-15 minutit või kuni sõõrikud on kuldpruunid.
h) Võta ahjust välja ja lase 5 minutit jahtuda enne vormilt võtmist.

21. Kitsejuust ja viigimarjad

KOOSTISOSAD:
- 2 tassi universaalset jahu
- 1 spl küpsetuspulbrit
- ½ tl soola
- ¼ tassi soolata võid, sulatatud
- 1 tass piima
- 2 suurt muna
- ½ tassi murendatud kitsejuustu
- ¼ tassi kuivatatud viigimarju, tükeldatud

JUHISED:
a) Kuumuta ahi temperatuurini 375 °F (190 °C) ja määri sõõrikupann küpsetuspritsiga.
b) Vahusta segamiskausis jahu, küpsetuspulber ja sool.
c) Sega eraldi kausis kokku sulatatud või, piim ja munad.
d) Lisage märjad koostisosad kuivadele koostisosadele ja segage, kuni need on hästi segunenud.
e) Voldi hulka murendatud kitsejuust ja hakitud kuivatatud viigimarjad.
f) Tõsta tainas lusikaga ettevalmistatud sõõrikuvormi, täites iga vormi umbes ¾ ulatuses.
g) Küpseta 12-15 minutit või kuni sõõrikud on kuldpruunid.
h) Võta ahjust välja ja lase 5 minutit jahtuda enne vormilt võtmist.

22. Feta ja spinati sõõrikud

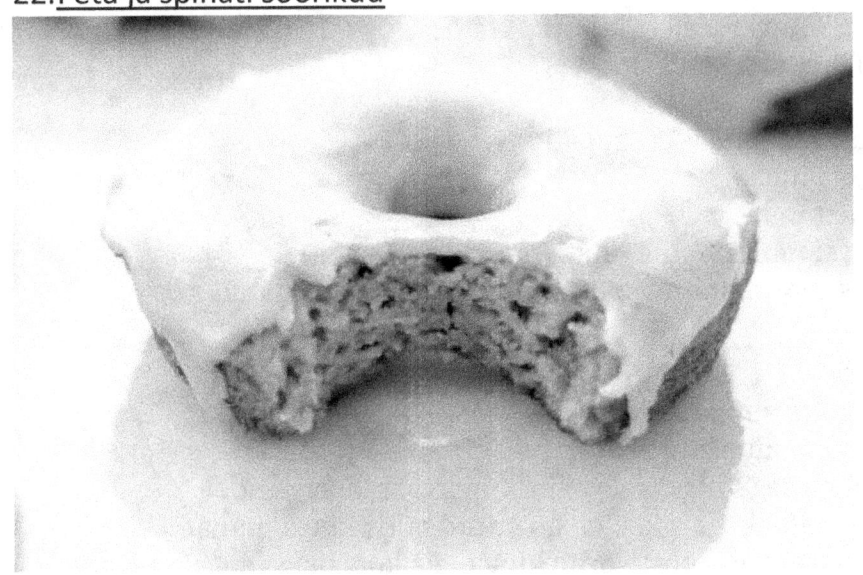

KOOSTISOSAD:
- 2 tassi universaalset jahu
- 1 spl küpsetuspulbrit
- ½ tl soola
- ¼ tassi soolata võid, sulatatud
- 1 tass piima
- 2 suurt muna
- ½ tassi murendatud fetajuustu
- ¼ tassi külmutatud spinatit, sulatatud ja nõrutatud

JUHISED:
a) Kuumuta ahi temperatuurini 375 °F (190 °C) ja määri sõõrikupann küpsetuspritsiga.
b) Vahusta segamiskausis jahu, küpsetuspulber ja sool.
c) Sega eraldi kausis kokku sulatatud või, piim ja munad.
d) Lisage märjad koostisosad kuivadele koostisosadele ja segage, kuni need on hästi segunenud.
e) Voldi hulka murendatud fetajuust ja sulatatud, nõrutatud spinat.
f) Tõsta tainas lusikaga ettevalmistatud sõõrikuvormi, täites iga vormi umbes ¾ ulatuses.
g) Küpseta 12-15 minutit või kuni sõõrikud on kuldpruunid.
h) Võta ahjust välja ja lase 5 minutit jahtuda enne vormilt võtmist.

23. Gouda ja singi sõõrikud

KOOSTISOSAD:

- 2 tassi universaalset jahu
- 1 spl küpsetuspulbrit
- ½ tl soola
- ¼ tassi soolata võid, sulatatud
- 1 tass piima
- 2 suurt muna
- ½ tassi riivitud gouda juustu
- ¼ tassi kuubikuteks lõigatud sinki

JUHISED:

a) Kuumuta ahi temperatuurini 375 °F (190 °C) ja määri sõõrikupann küpsetuspritsiga.
b) Vahusta segamiskausis jahu, küpsetuspulber ja sool.
c) Sega eraldi kausis kokku sulatatud või, piim ja munad.
d) Lisage märjad koostisosad kuivadele koostisosadele ja segage, kuni need on hästi segunenud.
e) Voldi hulka riivitud gouda juust ja kuubikuteks lõigatud sink.
f) Tõsta tainas lusikaga ettevalmistatud sõõrikuvormi, täites iga vormi umbes ¾ ulatuses.
g) Küpseta 12-15 minutit või kuni sõõrikud on kuldpruunid.
h) Võta ahjust välja ja lase 5 minutit jahtuda enne vormilt võtmist.

Vürtsitud sõõrikud

24. Kaneelivalgu sõõrikud

KOOSTISOSAD:
- 85 g kookosjahu
- 110 g vanillimaitselist idandatud pruuni riisi proteiinipulbrit
- 25 g mandlijahu
- 50 g vahtrasuhkrut
- 30 ml sulatatud kookosõli
- 8 g küpsetuspulbrit
- 115 ml sojapiima
- ½ tl õunasiidri äädikat
- ½ tl vaniljepastat
- ½ tl kaneeli
- 30 ml orgaanilist õunakastet
- 30 g kookospalmisuhkrut
- 10 g kaneeli

Juhised:
a) Sega kausis kõik kuivained kokku.
b) Vahusta piim eraldi kausis õunakastme, kookosõli ja äädikaga.
c) Voldi märjad koostisosad kuivaks ja sega, kuni need on põhjalikult segunenud.
d) Kuumuta ahi temperatuurini 180 °C/350 °F ja määri 10-auguline sõõrikuvorm rasvaga.
e) Valmistatud tainas lusikaga määritud sõõrikuvormi.
f) Küpseta sõõrikud 15-20 minutit.
g) Kuni sõõrikud on veel soojad, puista üle kookossuhkru ja kaneeliga. Serveeri soojalt.

25. Vürtsikad Hispaania sõõrikud

KOOSTISOSAD:

- 2 tassi cariaco maisi
- ½ tassi värsket vedelat piima
- ¼ tassi õli
- 1 tl kaneeli
- 1 tl magusat nelki
- 1 tl magusat aniisi
- 3 muna
- 1 tass riivitud papeloni

JUHISED:

a) Pane cariaco mais potti vaid 10 minutiks küpsema, et see ei küpseks, vaid pigem imbuks;
b) Jahvatage tavalises maisiveskis, ekstraheerige tainas ja sõtke see koos teiste koostisainetega:
c) Sõtku väga hästi, kuni segu ei kleepu käte külge, lase 15 minutit seista.
d) Kuumuta ahi temperatuurini 180 °C või 350 °F.
e) Rulli tainas lahti ja võta välja 30 g portsjonid ning venita õhukeseks kangikujuliseks
f) Ühendage otsad rõngaste või sõõrikute moodustamiseks.
g) Aseta banaanilehtedesse alusele ja pane 30 minutiks ahju.
h) Võta ahjust välja ja lase toatemperatuuril seista.
i) Serveeri ja naudi

26. Muskaatpähkel Sõõriku muffinid

KOOSTISOSAD:
MUFFINID
- 1 ½ tassi universaalset jahu
- ½ tassi suhkrut
- 1 ½ tl küpsetuspulbrit
- ⅛ teelusikatäis soola
- ½ tl jahvatatud kaneeli
- ¼ teelusikatäit muskaatpähkel
- ⅓ tassi sulatatud võid
- 1 tl vaniljeekstrakti
- 1 muna
- ¼ tassi piima
- ¼ tassi jogurtit
- **TÄIDISED**
- ⅓ tassi suhkrut
- 2 tl jahvatatud kaneeli
- 5 sl sulatatud võid

JUHISED:
a) Kuumuta ahi 180°C/375 kraadini ja piserda pannile või rasvainega. Tõsta kõrvale.
b) Vahusta jahu, küpsetuspulber, kaneel, muskaatpähkel ja sool ning vahusta kokku ja tõsta kõrvale. Klopi muna, suhkur, piim ja jogurt ühtlaseks. Lisa sulatatud või ja vaniljeessents ning sega.
c) Valage märjad koostisosad kuivadesse ja segage, kuni need on segunenud. (Ärge segage üle)
d) Tõsta taigen lusikaga muffinivormidesse umbes ½–¾ ulatuses. Küpseta eelkuumutatud ahjus 20–25 minutit. Lase muffinitel enne väljavõtmist mõni minut pannil jahtuda.
e) Katteks. Väikeses kausis sega kaneel ja suhkur. Teises kausis sulata 5 sl võid.
f) Kasta muffinid võisse. Kasta ja veereta kaneelisuhkru segus.
g) Serveeri ja naudi!

27.Õunasiidri paleo sõõrikud

KOOSTISOSAD:
- ½ tl kaneeli
- ½ tl söögisoodat
- ⅛ teelusikatäis meresoola
- 2 muna
- paar tilka stevia vedelikku
- ½ tassi kookosjahu
- 2 spl mandliõli
- ½ tassi sooja õunasiidrit
- 2 spl ghee, sulatatud – katmiseks

KANEELISUHKRU
- ½ tassi granuleeritud kookossuhkrut
- 1 spl kaneeli

JUHISED:
a) Kuumuta sõõrikuvalmistaja.
b) Kombineeri kookosjahu, sooda, kaneel ja sool.
c) Vahusta teises kausis munad, õli ja stevia.
d) Sega kuivained märgade koostisosadega koos õunasiidriga.
e) Tõsta sõõrikutainas sõõrikuvalmistajasse.
f) Küpseta 3 minutit.
g) Pintselda sõõrikud sulatatud ghee/või/mandliõliga.
h) Sega sõõrikud kaneeli/kookossuhkru seguga.

28. Kaneeli suhkru sõõrikud

KOOSTISOSAD:
- 2 tassi universaalset jahu
- 1 ½ teelusikatäit küpsetuspulbrit
- 1/2 tl söögisoodat
- 1/2 teelusikatäit soola
- 1 tl jahvatatud kaneeli
- 1/4 tl jahvatatud muskaatpähklit
- 1/4 tl jahvatatud nelki
- 1/2 tassi granuleeritud suhkrut
- 1/4 tassi soolata võid, sulatatud
- 1/2 tassi petipiima
- 1/2 tassi tavalist jogurtit
- 2 suurt muna
- 1 tl vaniljeekstrakti

KATTE KOHTA:
- 1/2 tassi granuleeritud suhkrut
- 1 tl jahvatatud kaneeli

JUHISED:
a) Kuumuta ahi temperatuurini 350 °F (175 °C) ja määri sõõrikuvorm.
b) Sega kausis kokku jahu, küpsetuspulber, sooda, sool, kaneel, muskaatpähkel ja nelk.
c) Vahusta eraldi kausis suhkur, sulatatud või, petipiim, jogurt, munad ja vaniljeekstrakt.
d) Lisage märjad koostisosad kuivadele koostisosadele ja segage, kuni need on lihtsalt segunenud.
e) Tõsta tainas lusikaga ettevalmistatud sõõrikupannile, täites iga süvend umbes 2/3 ulatuses.
f) Küpseta 12-15 minutit või kuni sõõrikutesse torgatud hambaork tuleb puhtana välja.
g) Kuni sõõrikud on veel soojad, sega madalas kausis katte jaoks granuleeritud suhkur ja jahvatatud kaneel.
h) Kasta iga sõõrik kaneelisuhkru segusse, kattes kõik küljed.
i) Lase sõõrikutel restil jahtuda.

29.Piparkoogid

KOOSTISOSAD:
- 2 tassi universaalset jahu
- 1 1/2 teelusikatäit küpsetuspulbrit
- 1/2 tl söögisoodat
- 1/4 teelusikatäit soola
- 1 1/2 tl jahvatatud ingverit
- 1 tl jahvatatud kaneeli
- 1/2 tl jahvatatud muskaatpähklit
- 1/2 tl jahvatatud nelki
- 1/2 tassi soolata võid, sulatatud
- 1/2 tassi granuleeritud suhkrut
- 1/2 tassi melassi
- 2 suurt muna
- 1 tass petipiima

GLASUURI KOHTA:
- 1 tass tuhksuhkrut
- 1-2 spl piima
- 1/2 tl jahvatatud kaneeli

JUHISED:
a) Kuumuta ahi temperatuurini 350 °F (175 °C) ja määri sõõrikuvorm.
b) Sega kausis kokku jahu, küpsetuspulber, sooda, sool, ingver, kaneel, muskaatpähkel ja nelk.
c) Vahusta eraldi kausis sulavõi, granuleeritud suhkur, melass, munad ja petipiim.
d) Lisage märjad koostisosad kuivadele koostisosadele ja segage, kuni need on lihtsalt segunenud.
e) Tõsta tainas lusikaga ettevalmistatud sõõrikupannile, täites iga süvend umbes 2/3 ulatuses.
f) Küpseta 12-15 minutit või kuni sõõrikutesse torgatud hambaork tuleb puhtana välja.
g) Lase sõõrikutel mõni minut pannil jahtuda, enne kui tõstad need restile täielikult jahtuma.
h) Vahusta väikeses kausis glasuuri saamiseks tuhksuhkur, piim ja jahvatatud kaneel. Valatava konsistentsi saavutamiseks lisa vajadusel rohkem piima.
i) Kasta iga sõõrik glasuuri sisse, lastes üleliigsel maha tilkuda. Enne serveerimist lase glasuuril taheneda.

30.Kardemoni maitsestatud sõõrikud

KOOSTISOSAD:
- 2 tassi universaalset jahu
- 1 1/2 teelusikatäit küpsetuspulbrit
- 1/2 tl söögisoodat
- 1/4 teelusikatäit soola
- 1 tl jahvatatud kardemoni
- 1/2 tl jahvatatud kaneeli
- 1/4 tl jahvatatud muskaatpähklit
- 1/2 tassi soolata võid, sulatatud
- 1/2 tassi granuleeritud suhkrut
- 1/2 tassi petipiima
- 2 suurt muna
- 1 tl vaniljeekstrakti

KATTEKS:
- 1/4 tassi soolata võid, sulatatud
- 1/2 tassi granuleeritud suhkrut
- 1 tl jahvatatud kardemoni

JUHISED:
a) Kuumuta ahi temperatuurini 350 °F (175 °C) ja määri sõõrikuvorm.
b) Sega kausis kokku jahu, küpsetuspulber, sooda, sool, kardemon, kaneel ja muskaatpähkel.
c) Vahusta eraldi kausis sulatatud või, granuleeritud suhkur, petipiim, munad ja vaniljeekstrakt.
d) Lisage märjad koostisosad kuivadele koostisosadele ja segage, kuni need on lihtsalt segunenud.
e) Tõsta tainas lusikaga ettevalmistatud sõõrikupannile, täites iga süvend umbes 2/3 ulatuses.
f) Küpseta 12-15 minutit või kuni sõõrikutesse torgatud hambaork tuleb puhtana välja.
g) Kuni sõõrikud on veel soojad, kastke iga sõõrik sulavõisse, seejärel veeretage granuleeritud suhkru ja jahvatatud kardemoni segus, kuni need on kaetud.
h) Lase sõõrikutel restil jahtuda.

31.Õunasiidri sõõrikud

KOOSTISOSAD:
- 2 tassi universaalset jahu
- 1 1/2 teelusikatäit küpsetuspulbrit
- 1/2 tl söögisoodat
- 1/2 teelusikatäit soola
- 1 tl jahvatatud kaneeli
- 1/4 tl jahvatatud muskaatpähklit
- 1/4 tl jahvatatud nelki
- 1/2 tassi soolata võid, sulatatud
- 1/2 tassi granuleeritud suhkrut
- 1/4 tassi pakendatud helepruuni suhkrut
- 2 suurt muna
- 1/2 tassi õunasiidrit
- 1/2 tassi tavalist kreeka jogurtit
- 1 tl vaniljeekstrakti

KATTE KOHTA:
- 1/2 tassi granuleeritud suhkrut
- 1 tl jahvatatud kaneeli

JUHISED:
a) Kuumuta ahi temperatuurini 350 °F (175 °C) ja määri sõõrikuvorm.
b) Sega kausis kokku jahu, küpsetuspulber, sooda, sool, kaneel, muskaatpähkel ja nelk.
c) Vahusta eraldi kausis sulatatud või, granuleeritud suhkur, pruun suhkur, munad, õunasiider, Kreeka jogurt ja vaniljeekstrakt.
d) Lisage märjad koostisosad kuivadele koostisosadele ja segage, kuni need on lihtsalt segunenud.
e) Tõsta tainas lusikaga ettevalmistatud sõõrikupannile, täites iga süvend umbes 2/3 ulatuses.
f) Küpseta 12-15 minutit või kuni sõõrikutesse torgatud hambaork tuleb puhtana välja.
g) Kuni sõõrikud on veel soojad, sega madalas kausis katte jaoks granuleeritud suhkur ja jahvatatud kaneel.
h) Kasta iga sõõrik kaneelisuhkru segusse, kattes kõik küljed.
i) Lase sõõrikutel restil jahtuda.

32.Kõrvitsa vürtsisõõrikud

KOOSTISOSAD:
- 1 3/4 tassi universaalset jahu
- 1 1/2 teelusikatäit küpsetuspulbrit
- 1/2 tl söögisoodat
- 1/2 teelusikatäit soola
- 1 tl jahvatatud kaneeli
- 1/2 tl jahvatatud muskaatpähklit
- 1/4 tl jahvatatud nelki
- 1/4 tl jahvatatud ingverit
- 1/2 tassi granuleeritud suhkrut
- 1/4 tassi pakendatud helepruuni suhkrut
- 1/2 tassi kõrvitsapüreed
- 1/3 tassi petipiima
- 1/4 tassi taimeõli
- 1 suur muna
- 1 tl vaniljeekstrakti

GLASUURI KOHTA:
- 1 tass tuhksuhkrut
- 2 spl piima
- 1/2 tl jahvatatud kaneeli
- 1/4 tl jahvatatud muskaatpähklit

JUHISED:
a) Kuumuta ahi temperatuurini 350 °F (175 °C) ja määri sõõrikuvorm.
b) Sega kausis kokku jahu, küpsetuspulber, sooda, sool, kaneel, muskaatpähkel, nelk ja ingver.
c) Vahusta eraldi kausis granuleeritud suhkur, pruun suhkur, kõrvitsapüree, petipiim, taimeõli, muna ja vaniljeekstrakt.
d) Lisage märjad koostisosad kuivadele koostisosadele ja segage, kuni need on lihtsalt segunenud.
e) Tõsta tainas lusikaga ettevalmistatud sõõrikupannile, täites iga süvend umbes 2/3 ulatuses.
f) Küpseta 12-15 minutit või kuni sõõrikutesse torgatud hambaork tuleb puhtana välja.
g) Vahusta väikeses kausis glasuuri saamiseks tuhksuhkur, piim, kaneel ja muskaatpähkel.
h) Kasta iga sõõrik glasuuri sisse, lastes üleliigsel maha tilkuda.

ŠOKOLAADI DONUTS

33.Šokolaadikoogi sõõrikud

KOOSTISOSAD:

- 1 ½ tassi universaalset jahu
- ½ tassi magustamata kakaopulbrit
- ½ tl küpsetuspulbrit
- ½ tl söögisoodat
- ¼ teelusikatäit soola
- ½ tassi granuleeritud suhkrut
- ¼ tassi taimeõli
- 1 suur muna
- 1 tl vaniljeekstrakti
- ¾ tassi petipiima
- 1 tass tuhksuhkrut
- ¼ tassi piima
- ¼ tassi magustamata kakaopulbrit

JUHISED:

a) Kuumuta ahi temperatuurini 375 ° F. Määri sõõrikupann mittenakkuva küpsetusspreiga ja tõsta kõrvale.
b) Vahusta suures segamiskausis jahu, kakaopulber, küpsetuspulber, sooda, sool ja suhkur.
c) Vahusta eraldi segamisnõus õli, muna ja vaniljeekstrakt. Segage järk-järgult petipiim, kuni see on hästi segunenud.
d) Vala märjad koostisosad kuivainete hulka ja sega ühtlaseks massiks.
e) Tõsta tainas torukotti ja toruga ettevalmistatud sõõrikupanni, täites iga õõnsuse umbes ⅔ ulatuses.
f) Küpseta 10–12 minutit või kuni sõõriku keskele torgatud hambaork tuleb puhtana välja.
g) Vahusta väikeses kausis tuhksuhkur, piim ja kakaopulber, kuni moodustub glasuur. Kasta jahtunud sõõrikud glasuuri sisse ja lase restil kuivada.

34.Küpsetatud Oreo sõõrikud

KOOSTISOSAD:
- 1 tass universaalset jahu
- ½ tassi pakitud helepruuni suhkrut
- ⅓ tassi magustamata kakaopulbrit
- ½ tl soola
- ¾ tl küpsetuspulbrit
- ½ tl söögisoodat
- 1 suur muna
- ½ tassi mis tahes tüüpi piima
- ¼ tassi sulatatud kookosõli või taimeõli
- 1½ tl vaniljeekstrakti
- 6 Oreo küpsist, purustatud puruks
- Toorjuustu glasuur

JUHISED:
a) Kuumuta ahi temperatuurini 350 ° F.
b) Pihustage kahte 6-arvulist sõõrikupanni kergelt mittenakkuva küpsetusspreiga. Kõrvale panema.
c) Sega suures kausis jahu, pruun suhkur, kakaopulber, sool, küpsetuspulber ja sooda. Kõrvale panema.
d) Vahusta keskmises kausis muna, piim, kookosõli ja vaniljeekstrakt ühtlaseks vahuks. Valage märjad koostisosad aeglaselt jahusegusse, segades, kuni need on lihtsalt segunenud. Tainas tuleb väga paks.
e) Voldi õrnalt sisse purustatud Oreo küpsised
f) Tõsta segu lusikaga suurde lukuga kotti ja lõika alumise nurga ots.
g) Vala segu ettevalmistatud sõõrikuvormidesse.
h) Küpseta 8-10 minutit või kuni sõõrikud on veidi tahked.
i) Eemaldage ahjust ja jahutage enne glasuuri lisamist täielikult.
j) Kastme valmistamiseks vahusta toorjuust ja või ühtlaseks.
k) Lisa piim, vaniljeekstrakt ja tuhksuhkur.
l) Vahusta ühtlaseks massiks ja saavutab soovitud konsistentsi ja magususe.
m) Vajadusel lisa veel piima ja/või tuhksuhkrut.
n) Võtke iga sõõrik ja uputage see poolenisti glasuurisse, seejärel puistake üle purustatud Oreo küpsistega.

35.Oreo šokolaadisõõrik

KOOSTISOSAD:

- 2 väikest pakki Oreo küpsist šokolaadikreemiga
- 1 suur pakk Oreo küpsiseid valge kreemiga
- 2-3 tl piima
- 100 grammi tumedat šokolaadi
- 1 spl võid
- 1 spl kuuma piima küpsisekreemiga segamiseks

GARNISEERIMISEKS

- vastavalt vajadusele Väikesed suhkrupallid
- vastavalt vajadusele Chocolate Vermicelli
- vastavalt vajadusele Star suhkrupallid

JUHISED:

a) Kõigepealt eralda mõlema maitse kreem Oreo küpsistest. Seejärel võtke need küpsised segisti purki ja purustage need pulbriks. Nüüd viige see teise kaussi.
b) Nüüd lisa sellele küpsisepulbrile vähehaaval piim ja valmista tainas. Nüüd tee sellest taignast ümmargused pallid ja suru need sõõrikukujuliseks ning tee vahele auk.
c) Nüüd lisa mõlema maitse biskviitkreemile 1-1 tl kuuma piima ning sega korralikult läbi ja sulata koor.
d) Nüüd sulata tume šokolaad topeltkatlas, lisa või ja sega korralikult läbi. Niisiis, märk tuleb šokolaadi sisse. Seejärel kasta kõik sõõrikud sellesse sulašokolaadi, kata need ja pane taldrikule. Nüüd määri kaks sõõrikut valge küpsisekreemiga, nüüd määri teine sõõrik küpsiste šokolaadikreemiga. Nüüd kaunista see vastavalt soovile ja serveeri.
e) Nüüd on meie Instant Oreo Chocolate Donut serveerimiseks valmis.

36. Šokolaadi Cannoli sõõrikud

KOOSTISOSAD:
TAIGNA JAOKS:
- 1-½ tl aktiivset kuivpärmi
- 1 tl Suhkur
- ¼ tassi sooja vett
- 2-½ tassi universaalset jahu
- ½ teelusikatäit soola
- ¼ tassi suhkrut
- 2 supilusikatäit soolata võid, sulatatud
- 1 terve suur muna
- ¾ tassi piima, soojendatud, lisaks harjamiseks
- ¼ tassi tuhksuhkrut, tolmu eemaldamiseks

TÄIDISEKS:
- 1 tass Ricotta juustu
- 2 supilusikatäit kakaopulbrit
- 3 supilusikatäit suhkrut
- ½ tl vaniljeekstrakti

JUHISED:
a) Segage väikeses mõõtetopsis pärm, 1 tl suhkrut ja ¼ tassi sooja vett. Pange see kõrvale, kuni see hakkab mullitama, umbes 5-8 minutit.
b) Segage suures segamiskausis jahu, sool ja ¼ tassi suhkrut. Vala hulka pärmisegu, sulavõi, muna ja piim ning sega, kuni kõik on ühtlane ja tekib taignataoline segu. Selleks kulub umbes 3-5 minutit. Tainas on kleepuv ja sarnaneb rohkem paksu taignaga kui leivataignaga. See on korras.
c) Kata kauss niiske köögirätikuga ja lase tainal kerkida, kuni see kahekordistub, umbes 1-1,5 tundi. Vooderda küpsetusplaat silikoonmati või küpsetuspaberiga; kõrvale panema.
d) Veenduge, et teie tööpind oleks korralikult jahuga üle puistatud, seejärel kraapige tainas kausist välja ja laske sellel laiali laotada. Patsutage tainas ettevaatlikult suureks, umbes ¾ tolli paksuseks ristkülikuks. Olge väga ettevaatlik, et te ei saaks tainast liiga jämedalt käsitseda, vastasel juhul tühjendate taigna ja saate nätskemad ja vähem kohevad sõõrikud. Jahutage biskviidilõikur ja lõigake taignast ringid. Kasutage spaatlit, et aidata ringid ettevalmistatud küpsetusplaadile üle kanda. Vajadusel määrige tainas uuesti laiali ja

lõigake, et saaksite selle ära kasutada. Kata väljalõiked köögirätikuga ja lase seista vähemalt 30 minutit ja kuni 1 tund.

e) Selle aja jooksul valmista täidis. Kombineerige kõik täidise koostisosad keskmises kausis ja segage, kuni see on hästi segunenud. Aseta külmikusse kuni kasutusvalmis.

f) Kuumuta ahi temperatuurini 375 F. Pintselda sõõrikute ülaosa veidi piimaga ja küpseta 12–15 minutit, kuni need on kergelt pruunid. Tõsta pann restile ja lase täielikult jahtuda.

g) Valmistage ette torukott, mis on varustatud pika ümmarguse koogikaunistamise otsaga. Tee lõikamisnoaga igasse sõõrikusse väike sisselõige ja lõika julgelt veidi sügavamale, et tekiks täidise jaoks tasku. Aseta šokolaadi-ricottamääre torukotti (või Ziploci kotti, mille üks nurk on ära lõigatud) ja toruga sõõrikutesse. Puista enne serveerimist kergelt üle tuhksuhkruga ja naudi!

37. Glasuuritud kohevad šokolaadisõõrikud

KOOSTISOSAD:
- 1 ¾ tassi jahu
- 1 ½ teelusikatäit küpsetuspulbrit
- ½ tl soola
- 1 tl kaneeli
- 1 tl kõrvitsa vürtsi
- 2 spl kookosõli või taimeõli
- ⅓ tassi vaniljekreeka jogurtit
- ½ tassi helepruuni suhkrut
- 1 muna
- 2 tl Baileys või vanilli
- ¾ tassi konserveeritud kõrvitsat
- ½ tassi vanilje mandlipiima

BAILEYS GLASE
- 2 tassi kondiitrite tuhksuhkrut
- 3 tassi Baileysid
- 1 spl vanilje mandlipiima

JUHISED:
a) Kuumuta ahi 350° F. Pihustage oma Donut pannile mittenakkuva pihustiga ja asetage kõrvale.
b) Vahusta kausis jahu, küpsetuspulber, sool ja maitseained ning tõsta kõrvale.
c) Vahusta suures kausis õli, kreeka jogurt, pruun suhkur, muna, vanill, kõrvits ja mandlipiim. Lisage segule aeglaselt kuivained ja segage, kuni need on lihtsalt segunenud. Olge ettevaatlik, et mitte üle segada, vastasel juhul muutuvad sõõrikud sitked ja nätsked.
d) Torutage taigen kondiitrikotti või kilekotti, mille nurk on ära lõigatud, igasse Donuti tassi, umbes ⅔ täis, kuid mitte ülevoolavalt.
e) Küpseta 11–13 minutit, kuni sõõrikud kergelt vajutades tagasi vetsuvad. Tõsta sõõrikud restile ja lase täielikult jahtuda.
f) Kuni sõõrikud jahtuvad, valmista Baileysi glasuur.

BAILEYS GLASE
g) Kombineeri kõik koostisosad väikeses kausis ja vahusta ühtlaseks massiks.
h) Kui sõõrikud on täiesti jahtunud, kastke iga sõõriku ülaosa glasuuri sisse ja asetage tagasi restile.

38. Punase sametiga küpsetatud sõõrikud

KOOSTISOSAD:
- 2 ¼ tassi jahu
- 1 spl küpsetuspulbrit
- ½ tl soola
- ⅔ tassi suhkrut
- 1 muna
- 2 spl taimeõli
- 2 spl kakaopulbrit
- 1 tl vanilli
- ½ tassi madala rasvasisaldusega piima
- Punane pehme geelpasta
- Glasuur

JUHISED:
a) Kuumuta ahi 350 kraadini.
b) Pihustage sõõrikupann küpsetusspreiga ja asetage kõrvale.
c) Sega keskmises kausis jahu, küpsetuspulber ja sool.
d) Sega korralikult läbi ja tõsta kõrvale.
e) Sega suures kausis suhkur, muna ja taimeõli.
f) Lisage kakaopulber ja vanill ning segage hästi.
g) Segage aeglaselt piima, kuni see on hästi segunenud.
h) Lisage kuivained, umbes pool tassi korraga, segades pärast iga lisamist hästi.
i) Lisage paar tilka punast toiduvärvi ja segage, kuni tainas on soovitud värvi.
j) Pange tainas tõmblukuga kotti ja sulgege.
k) Lõika sõõrikuvormi ots ära ja toru torusse, täites iga sõõrikutopsi ⅔ ulatuses täis.
l) Küpseta 12-15 minutit, jälgides, et sõõrikud ei pruunistu.
m) Kasta sõõrikute tipud glasuuri sisse ja puista peale südamed või puistad.

39. Kakao ja moringa sõõrikud

KOOSTISOSAD:
sõõrikute jaoks:
- 1 tl Moringa pulbrit
- 1 tl Super-kakaopulbrit
- ½ tassi tatrajahu
- ¾ tassi jahvatatud mandleid
- ¼ teelusikatäit söögisoodat
- Näputäis roosat soola
- ¼ tassi kookossuhkrut
- 1 muna, lahtiklopitud
- ½ suurt banaani, purustatud
- 1 spl vahtrasiirup
- tilk magustamata mandlipiima
- 1 spl kookosõli määrimiseks

JÄÄSTUSE KOHTA:
- 2 tl Moringa pulbrit moringa glasuuriks
- 2 tl Super-Cacao pulbrit kakaoglasuuriks
- 4 spl kookosvõid, osaliselt sulanud
- 2 spl toormett või vahtrasiirupit

KAITSEKS:
- kakao nibsid
- hakitud sarapuupähkleid
- söödavad roosi kroonlehed

JUHISED:

a) Kuumuta ahi 180C-ni.
b) Sõõrikute valmistamiseks lisa suurde kaussi tatrajahu, jahvatatud mandlid, sooda, roosa sool ja kookossuhkur.
c) Sega eraldi kausis muna, püreestatud banaan, vahtrasiirup ja mandlipiim ning sega märjad koostisosad õrnalt kuivainete hulka, kuni need on täielikult segunenud. Jaga segu kahte kaussi ja sega ühte moringapulber ja teise kakaopulber.
d) Määri sõõrikupann ettevaatlikult kookosõliga ja vala mõlemad sõõrikusegud vormidesse.
e) Küpseta ahjus 12-15 minutit ja lase enne glasuurimist jahutusrestil jahtuda.
f) Nii kakao- kui ka moringaglasuuride valmistamiseks kombineeri osaliselt sulatatud kookosvõi ja mesi. Jaga segu kahte kaussi ja sega ühte moringapulber ja teise kakaopulber. Kui soovid vedelamat konsistentsi, lisa tilk keeva vett või veel sulatatud kookosvõid ja sega korralikult läbi.
g) Kastke sõõrikud glasuuriga, kuni need on täielikult kaetud, ja pange peale hakitud sarapuupähkleid, söödavaid roosi kroonlehti või kakaonibse.

LILLESÕIRUSED

40.Butterfly Her Glasuuritud sõõrikud

KOOSTISOSAD:
SÕÕRIK:
- 1 purustatud banaan
- 1 tass magustamata õunakastet
- 1 muna või 1 spl chia seemneid segatuna veega
- 50 g sulatatud kookosõli
- 4 spl mett või agaavinektarisiirupit
- 1 supilusikatäis vanilli
- 1 tl kaneeli
- 150 g tatrajahu
- 1 tl küpsetuspulbrit

LIBLIKAS HERNEGLAAZE:
- ½ tassi india pähkleid, leotatud 4 tundi
- 1 tass mandlipiima
- 40 liblikas herne teeõit
- 1 spl agaavinektarisiirupit
- 1 spl vaniljeessentsi

JUHISED:
SÕÕRIKUTE VALMISTAMISEKS:
a) Sega kõik kuivained omavahel.
b) Sega kõik märjad koostisosad omavahel.
c) Lisa märjad kuivale ja tõsta seejärel sõõrikuvormidesse.
d) Küpseta 160 kraadi juures 15 minutit.

GLASUURI VALMISTAMISEKS:
e) Blenderda india pähklid köögikombainis ühtlaseks massiks.
f) Kuumuta potis mandlipiim ja lisa tee. Hauta tasasel tulel 10 minutit.
g) Lisa segatud india pähklitele sinise mandli piim, lisa agaavinektar ja vaniljeessents ning blenderda uuesti, kuni segu on segunenud.
h) Hoia külmkapis, kuni sõõrikud on küpsenud ja jahtunud.
i) Kaunista sõõrikud glasuuri ja lisalilledega!
j) Need sõõrikud on vegan- ning gluteeni- ja rafineeritud suhkruvabad – seega pole vaja end tagasi hoida: sööge need kõik ära!

41. Lavendli mee sõõrikud

KOOSTISOSAD:
- 1 ½ tassi universaalset jahu
- ½ tassi granuleeritud suhkrut
- 2 tl küpsetuspulbrit
- ¼ teelusikatäit soola
- ¼ tassi taimeõli
- ½ tassi piima
- 2 suurt muna
- 1 tl kuivatatud lavendliõisi
- 2 supilusikatäit mesi

JUHISED:
a) Kuumuta ahi temperatuurini 350 °F (180 °C) ja määri sõõrikupann küpsetuspritsiga.
b) Vahusta suures kausis jahu, suhkur, küpsetuspulber ja sool.
c) Teises kausis vahustage õli, piim, munad, lavendel ja mesi.
d) Vala märjad koostisosad kuivainete hulka ja sega ühtlaseks massiks.
e) Tõsta tainas lusikaga ettevalmistatud sõõrikuvormi, täites iga vormi umbes ¾ ulatuses.
f) Küpseta 12-15 minutit või kuni sõõriku keskele torgatud hambaork tuleb puhtana välja.
g) Lase sõõrikutel mõni minut pannil jahtuda, enne kui tõstad need restile täielikult jahtuma.

42. Rosewater Donuts

KOOSTISOSAD:
- 1 ½ tassi universaalset jahu
- ½ tassi granuleeritud suhkrut
- 2 tl küpsetuspulbrit
- ¼ teelusikatäit soola
- ¼ tassi taimeõli
- ½ tassi piima
- 2 suurt muna
- 1 tl roosivett
- 1 tilk roosat toiduvärvi (valikuline)

JUHISED:
a) Kuumuta ahi temperatuurini 350 °F (180 °C) ja määri sõõrikupann küpsetuspritsiga.
b) Vahusta suures kausis jahu, suhkur, küpsetuspulber ja sool.
c) Vahusta teises kausis õli, piim, munad, roosivesi ja toiduvärv (kui kasutad).
d) Vala märjad koostisosad kuivainete hulka ja sega ühtlaseks massiks.
e) Tõsta tainas lusikaga ettevalmistatud sõõrikuvormi, täites iga vormi umbes ¾ ulatuses.
f) Küpseta 12-15 minutit või kuni sõõriku keskele torgatud hambaork tuleb puhtana välja.
g) Lase sõõrikutel mõni minut pannil jahtuda, enne kui tõstad need restile täielikult jahtuma.

43. Leedriõie sõõrikud

KOOSTISOSAD:
- 1 ½ tassi universaalset jahu
- ½ tassi granuleeritud suhkrut
- 2 tl küpsetuspulbrit
- ¼ teelusikatäit soola
- ¼ tassi taimeõli
- ½ tassi piima
- 2 suurt muna
- 1 tl leedriõie ekstrakti
- 1 spl kuivatatud leedrililli (valikuline)

JUHISED:
a) Kuumuta ahi temperatuurini 350 °F (180 °C) ja määri sõõrikupann küpsetuspritsiga.
b) Vahusta suures kausis jahu, suhkur, küpsetuspulber ja sool.
c) Klopi teises kausis kokku õli, piim, munad, leedriõie ekstrakt ja kuivatatud leedriõied (kui kasutad).
d) Vala märjad koostisosad kuivainete hulka ja sega ühtlaseks massiks.
e) Tõsta tainas lusikaga ettevalmistatud sõõrikuvormi, täites iga vormi umbes ¾ ulatuses.
f) Küpseta 12-15 minutit või kuni sõõriku keskele torgatud hambaork tuleb puhtana välja.
g) Lase sõõrikutel mõni minut pannil jahtuda, enne kui tõstad need restile täielikult jahtuma.

44. Kummeli sidruni sõõrikud

KOOSTISOSAD:
- 1 ½ tassi universaalset jahu
- ½ tassi granuleeritud suhkrut
- 2 tl küpsetuspulbrit
- ¼ teelusikatäit soola
- ¼ tassi taimeõli
- ½ tassi piima
- 2 suurt muna
- 1 tl kuivatatud kummeliõisi
- 1 sidruni koor
- ½ sidruni mahl

JUHISED:
a) Kuumuta ahi temperatuurini 350 °F (180 °C) ja määri sõõrikupann küpsetuspritsiga.
b) Vahusta suures kausis jahu, suhkur, küpsetuspulber ja sool.
c) Teises kausis vahustage õli, piim, munad, kummel, sidrunikoor ja sidrunimahl.
d) Vala märjad koostisosad kuivainete hulka ja sega ühtlaseks massiks.
e) Tõsta tainas lusikaga ettevalmistatud sõõrikuvormi, täites iga vormi umbes ¾ ulatuses.
f) Küpseta 12-15 minutit või kuni sõõriku keskele torgatud hambaork tuleb puhtana välja.
g) Lase sõõrikutel mõni minut pannil jahtuda, enne kui tõstad need restile täielikult jahtuma.

45. Apelsiniõie sõõrikud

KOOSTISOSAD:
- 2 tassi universaalset jahu
- 1/2 tassi granuleeritud suhkrut
- 2 tl küpsetuspulbrit
- 1/2 teelusikatäit soola
- 1 apelsini koor
- 1/2 tassi soolata võid, sulatatud
- 1 tass piima
- 2 suurt muna
- 1 tl vaniljeekstrakti
- 1 tl apelsiniõievett

GLASUURI KOHTA:
- 1 tass tuhksuhkrut
- 2-3 supilusikatäit apelsinimahla
- Kaunistuseks söödavad apelsiniõied

JUHISED:
a) Kuumuta ahi temperatuurini 350 °F (175 °C) ja määri sõõrikuvorm.
b) Vahusta segamiskausis jahu, suhkur, küpsetuspulber, sool ja apelsinikoor.
c) Klopi eraldi kausis kokku sulatatud või, piim, munad, vaniljeekstrakt ja apelsiniõievesi.
d) Lisage märjad koostisosad kuivadele koostisosadele ja segage, kuni need on lihtsalt segunenud.
e) Tõsta tainas lusikaga ettevalmistatud sõõrikupannile, täites iga süvend umbes 2/3 ulatuses.
f) Küpseta 12-15 minutit või kuni sõõrikutesse torgatud hambaork tuleb puhtana välja.
g) Lase sõõrikutel mõni minut pannil jahtuda, seejärel tõsta need restile.
h) Vahusta väikeses kausis glasuuri saamiseks tuhksuhkur ja apelsinimahl. Valatava konsistentsi saavutamiseks lisa vajadusel veel apelsinimahla.
i) Kasta iga sõõrik glasuuri sisse, lastes üleliigsel maha tilkuda. Kaunista söödavate apelsiniõitega.

46. Violetsed vaniljesõõrikud

KOOSTISOSAD:
- 2 tassi universaalset jahu
- 1/2 tassi granuleeritud suhkrut
- 2 tl küpsetuspulbrit
- 1/2 teelusikatäit soola
- 1 spl kuivatatud kannikese kroonlehti, peeneks jahvatatud
- 1/2 tassi soolata võid, sulatatud
- 1 tass piima
- 2 suurt muna
- 1 tl vaniljeekstrakti
- 1/2 tl violetse ekstrakti (valikuline)

GLASUURI KOHTA:
- 1 tass tuhksuhkrut
- 2-3 supilusikatäit piima
- 1/2 tl vaniljeekstrakti
- Lilla toiduvärv (valikuline)
- Kaunistuseks kuivatatud kannikese kroonlehed

JUHISED:
a) Kuumuta ahi temperatuurini 350 °F (175 °C) ja määri sõõrikuvorm.
b) Vahusta segamiskausis jahu, suhkur, küpsetuspulber, sool ja jahvatatud kannikese kroonlehed.
c) Klopi eraldi kausis kokku sulatatud või, piim, munad, vaniljeekstrakt ja kannikeseekstrakt (kui kasutad).
d) Lisage märjad koostisosad kuivadele koostisosadele ja segage, kuni need on lihtsalt segunenud.
e) Tõsta tainas lusikaga ettevalmistatud sõõrikupannile, täites iga süvend umbes 2/3 ulatuses.
f) Küpseta 12-15 minutit või kuni sõõrikutesse torgatud hambaork tuleb puhtana välja.
g) Lase sõõrikutel mõni minut pannil jahtuda, seejärel tõsta need restile.
h) Vahusta väikeses kausis glasuuri valmistamiseks tuhksuhkur, piim, vaniljeekstrakt ja lilla toiduvärv (kui kasutad). Valatava konsistentsi saavutamiseks lisa vajadusel rohkem piima.
i) Kasta iga sõõrik glasuuri sisse, lastes üleliigsel maha tilkuda. Kaunistuseks puista peale kuivatatud kannikese kroonlehti.

47. Leedriõie glasuuritud sõõrikud

KOOSTISOSAD:
- 2 tassi universaalset jahu
- 1/2 tassi granuleeritud suhkrut
- 2 tl küpsetuspulbrit
- 1/2 teelusikatäit soola
- 1 sidruni koor
- 1/2 tassi soolata võid, sulatatud
- 1 tass piima
- 2 suurt muna
- 1 tl vaniljeekstrakti
- 2 spl leedrilille südamlikku

GLASUURI KOHTA:
- 1 tass tuhksuhkrut
- 2-3 supilusikatäit piima
- 1 spl leedriõie südamlik
- Kaunistuseks söödavad lilled

JUHISED:
a) Kuumuta ahi temperatuurini 350 °F (175 °C) ja määri sõõrikuvorm.
b) Vahusta segamiskausis jahu, suhkur, küpsetuspulber, sool ja sidrunikoor.
c) Vahusta eraldi kausis sulavõi, piim, munad, vaniljeekstrakt ja leedriõie südamik.
d) Lisage märjad koostisosad kuivadele koostisosadele ja segage, kuni need on lihtsalt segunenud.
e) Tõsta tainas lusikaga ettevalmistatud sõõrikupannile, täites iga süvend umbes 2/3 ulatuses.
f) Küpseta 12-15 minutit või kuni sõõrikutesse torgatud hambaork tuleb puhtana välja.
g) Lase sõõrikutel mõni minut pannil jahtuda, seejärel tõsta need restile.
h) Glasuuri saamiseks vahustage väikeses kausis tuhksuhkur, piim ja leedriõie südamik. Valatava konsistentsi saavutamiseks lisa vajadusel rohkem piima.
i) Kasta iga sõõrik glasuuri sisse, lastes üleliigsel maha tilkuda. Kaunista söödavate lilledega.

48.Kummeli mee sõõrikud

KOOSTISOSAD:
- 2 tassi universaalset jahu
- 1/2 tassi granuleeritud suhkrut
- 2 tl küpsetuspulbrit
- 1/2 teelusikatäit soola
- 2 spl kuivatatud kummeliõisi, peeneks jahvatatud
- 1/2 tassi soolata võid, sulatatud
- 1 tass piima
- 2 suurt muna
- 1 tl vaniljeekstrakti
- 1/4 tassi mett

GLASUURI KOHTA:
- 1 tass tuhksuhkrut
- 2-3 supilusikatäit piima
- 1 spl mett
- Kaunistuseks kuivatatud kummeliõied

JUHISED:
a) Kuumuta ahi temperatuurini 350 °F (175 °C) ja määri sõõrikuvorm.
b) Vahusta segamisnõus jahu, suhkur, küpsetuspulber, sool ja jahvatatud kummeliõied.
c) Vahusta eraldi kausis sulavõi, piim, munad, vaniljeekstrakt ja mesi.
d) Lisage märjad koostisosad kuivadele koostisosadele ja segage, kuni need on lihtsalt segunenud.
e) Tõsta tainas lusikaga ettevalmistatud sõõrikupannile, täites iga süvend umbes 2/3 ulatuses.
f) Küpseta 12-15 minutit või kuni sõõrikutesse torgatud hambaork tuleb puhtana välja.
g) Lase sõõrikutel mõni minut pannil jahtuda, seejärel tõsta need restile.
h) Vahusta väikeses kausis glasuuri saamiseks tuhksuhkur, piim ja mesi. Valatava konsistentsi saavutamiseks lisa vajadusel rohkem piima.
i) Kasta iga sõõrik glasuuri sisse, lastes üleliigsel maha tilkuda. Kaunistuseks puista peale kuivatatud kummeliõisi.

PUUVILJASÕÕRKAD

49.Kirsi- ja šokolaadisõõrikud

kuivad koostisosad
- ¾ tassi mandlijahu
- ¼ tassi kuldse linaseemnejahu
- 1 tl küpsetuspulbrit
- Näputäis soola
- 10g tahvliteks tume šokolaad, tükkideks tükeldatud

märjad koostisosad
- 2 suurt muna
- 1 tl vaniljeekstrakti
- 2 ½ supilusikatäit kookosõli
- 3 supilusikatäit kookospiima

JUHISED:

a) Sega suures segamiskausis kuivained (v.a tume šokolaad).
b) Sega märjad koostisosad ja seejärel sega sisse tumedad šokolaaditükid.
c) Ühendage sõõrikumasin vooluvõrku ja õlitage see vajadusel.
d) Valage tainas sõõrikuvalmistajasse, sulgege ja küpseta umbes 4-5 minutit.
e) Alandage kuumust madalaks ja keetke veel 2-3 minutit.
f) Korrake sama ülejäänud taigna jaoks ja serveerige.

50. Ananassi Baileys Donuts

KOOSTISOSAD:
- 1-½ tassi universaalset jahu
- ¼ tassi suhkrut
- 1 tl küpsetuspulbrit
- ½ tl soola
- ¼ teelusikatäit söögisoodat
- ⅓ tassi külma võid
- 1 suur muna, toasoe
- ¾ tassi hapukoort
- 3 supilusikatäit Baileys likööri

TOPPING:
- 1-½ tassi värsket ananassi, lõigatud ½-tollisteks tükkideks
- 3 spl suhkrut, jagatud
- 1 kuni 2 supilusikatäit Baileys likööri
- 1 tl riivitud laimikoort
- ½ tassi rasket vahukoort
- 1 keskmine laim, õhukeselt viilutatud, valikuline

JUHISED:
a) Kuumuta ahi 350° F. Pihustage oma Donut pannile mittenakkuva pihustiga ja asetage kõrvale.
b) Vahusta kausis jahu, küpsetuspulber, sool ja maitseained ning tõsta kõrvale.
c) Vahusta suures kausis õli, kreeka jogurt, pruun suhkur, muna, vanill, kõrvits ja mandlipiim.
d) Lisage segule aeglaselt kuivained ja segage, kuni need on lihtsalt segunenud. Olge ettevaatlik, et mitte üle segada, vastasel juhul muutuvad sõõrikud sitked ja nätsked.
e) Torutage taigen kondiitrikotti või kilekotti, mille nurk on ära lõigatud, igasse Donuti tassi, umbes ⅔ täis, kuid mitte ülevoolavalt.
f) Küpseta 11-13 minutit, kuni sõõrikud kergelt vajutades tagasi vetsuvad.
g) Tõsta sõõrikud restile ja lase täielikult jahtuda.
h) Kuni sõõrikud jahtuvad, valmista Baileysi glasuur.

BAILEYS GLASE
i) Kombineeri kõik koostisosad väikeses kausis ja vahusta ühtlaseks massiks.
j) Kui sõõrikud on täiesti jahtunud, kastke iga sõõriku ülaosa glasuuri sisse ja asetage tagasi restile.

51.Yuzu-kohupiima sõõrikud

KOOSTISOSAD:
DONUTS:
- ½ tassi piima
- ¼ tassi sooja vett
- 2 ½ tl aktiivset kuivpärmi
- 3 ½ tassi + 2 sl mannajahu
- 1 ½ tassi suhkrut
- 1 ½ teelusikatäit soola
- 3 muna
- 8 spl võid, pehmendatud
- Praeõli

YUZU KOHUPIIM:
- 6 munakollast
- 1 tass suhkrut
- ½ tassi yuzu mahla
- 1 pulk võid, lõigatud tükkideks

YUZU SUHKUR:
- ½ tassi suhkrut
- 4 yuzu või 2 laimi või sidruni riivitud koor

JUHISED:
DONUTS:
a) Sega mikseri kausis pärm, piim ja soe vesi ning lase paar minutit seista.
b) Lisa jahu, suhkur, sool ja munad ning sega taignakonksuga keskmisel-madalal kiirusel, kuni tainas kokku tuleb, umbes 5 minutit.
c) Lisa supilusikatäis või ja jätka segamist veel 5 minutit, kuni tainas on ühtlane ja läikiv. Mässi tainas kokku ja pane üleöö külmkappi.
d) Rulli tainas umbes ½ tolli paksuseks. Kasutage 3-tollist ümmargust küpsisevormi, et lõigata 12–14 ringi. Laota need jahuga ülepuistatud küpsetusplaadile, kata kilega ja lase soojas kohas 2,5–3 tundi tõmmata.
e) Kuumutage õli temperatuurini 350 'F. Prae sõõrikud kuumas õlis umbes 2–3 minutit mõlemalt poolt. Tõsta sõõrikud paberrätikutega kaetud ahjuplaadile. Oodake 2 või 3 minutit, et veeretada yuzu suhkrus. Lahe.
f) Kaevake iga sõõriku külge söögipulgaga auk ja torgake sisse yuzu kohupiima. Parem süüa samal päeval.

YUZU KOHUPIIM:

a) Lisage keskmisesse kastrulisse umbes 1 tass vett. Lase keema tõusta. Vahusta munakollased ja suhkur keskmise suurusega metallkausis, umbes 1 minut. Lisa munasegule mahl ja vahusta ühtlaseks.
b) Asetage kauss kastruli peale. Vahusta kuni paksenemiseni, umbes 8 minutit või kuni segu on helekollane ja katab lusika selja.
c) Eemaldage tulelt ja segage võid vähehaaval. Tõsta tulelt ja kata, asetades kilekihi otse kohupiima pinnale. Pane külmkappi.
YUZU SUHKUR:
d) Hõõruge sõrmeotstega suhkrut tsitruseliste koorega, kuni see lõhnab.

52.Sidrunisõõrikud pistaatsiapähklitega

KOOSTISOSAD:

sõõrikute jaoks:
- Mittenakkuv toiduvalmistamissprei
- ½ tassi granuleeritud suhkrut
- 1 sidruni riivitud koor ja mahl
- 1 ½ tassi universaalset jahu
- ¾ tl küpsetuspulbrit
- ¼ teelusikatäit söögisoodat
- ¼ teelusikatäit soola
- ⅓ tassi petipiima
- ⅓ tassi täispiima
- 6 spl. soolata või, toatemperatuuril
- 1 muna
- 2 tl vaniljeekstrakti

GLAASI JAOKS
- ½ tassi tavalist kreeka jogurtit või muud täispiimajogurtit
- 1 sidruni riivitud koor
- ¼ teelusikatäit soola
- 1 tass kondiitri suhkrut
- ½ tassi röstitud pistaatsiapähkleid, tükeldatud

JUHISED:
a) Donutside valmistamiseks soojendage ahi temperatuurini 375 ° F.
b) Katke Donut panni süvendid mittenakkuva küpsetusspreiga.
c) Segage väikeses kausis granuleeritud suhkur ja sidrunikoor. Hõõru koor sõrmeotste abil suhkrusse. Klopi teises kausis omavahel jahu, küpsetuspulber, sooda ja sool. Sega mõõtetopsis kokku petipiim, täispiim ja sidrunimahl.
d) Klopi labakinnitusega mikseri kausis keskmisel kiirusel kokku suhkrusegu ja või kuni heledaks ja kohevaks, umbes 2 minutiks. Kraapige kausi küljed alla. Lisa muna ja vanill ning klopi keskmisel kiirusel, kuni need segunevad, umbes 1 minut.
e) Lisa madalal kiirusel jahusegu 3 lisandina, vaheldumisi piimaseguga ning alustades ja lõpetades jahuga. Vahusta iga lisand, kuni see on lihtsalt segunenud.
f) Vala 2 spl. taigen igasse ettevalmistatud süvendisse. Küpsetage, pöörates panni poole küpsetamise ajal 180 kraadi, kuni sõõrikutesse torgatud hambaork tuleb puhtana välja, umbes 10 minutit. Laske pannil jahutusrestil 5 minutit jahtuda, seejärel keerake sõõrikud restile ja laske täielikult jahtuda. Vahepeal peske ja kuivatage pann ning korrake ülejäänud taigna küpsetamiseks.
g) Glasuuri valmistamiseks sega kausis kokku jogurt, sidrunikoor ja sool.
h) Lisage kondiitri suhkur ja segage, kuni see on ühtlane ja hästi segunenud.
i) Kasta sõõrikud glasuuri sisse, ülemine külg allapoole, puista peale pistaatsiapähklid ja serveeri.

53.Passionfruit kohupiima sõõrikud

KOOSTISOSAD:
KASSIFILJA KOHUPIIMA JAOKS
- ½ tassi granuleeritud suhkrut
- 3 suurt munakollast
- ¼ tassi passionipüreed
- 2 spl värskelt pressitud sidrunimahla
- ½ tassi külma soolamata võid, lõigatud 1-tollisteks kuubikuteks

SÖÖRIKUTE JAOKS
- ¾ tassi (6 vedelat untsi) täispiima
- 2 suurt muna
- 2 suurt munakollast
- 3 ½ tassi universaalset jahu
- 1 ¼ tassi granuleeritud suhkrut, jagatud
- 2 ¼ teelusikatäit kiirpärmi
- 1 tl koššersoola
- 6 spl soolata võid, kuubikuteks
- taimeõli, praadimiseks

JUHISED:
KASSIFILJA KOHUPIIMA JAOKS

a) Vahusta keskmise paksu põhjaga potis ½ tassi granuleeritud suhkrut ja 3 suurt munakollast, kuni need on hästi segunenud ja saad homogeense kahvatukollase segu. Klopi sisse ¼ tassi passionivilja ja 2 spl värsket sidrunimahla, kuni segu õheneb, ja aseta pott keskmisele kuumusele. Küpseta puulusikaga pidevalt segades (ja kasutage panni külgede kraapimiseks kindlasti kuumakindlat kummilabidat), kuni segu on piisavalt paks, et katta lusika tagaosa, 8–10 minutit ja 160 (F) kiirloetava termomeetriga.

b) Kui segu on saavutanud 160 (F), eemaldage see tulelt ja vahustage paari kuubiku kaupa sisse ½ tassi kuubikuteks lõigatud soolata võid, lisades alles siis, kui eelmised kuubikud on täielikult segunenud. Kui kogu või on lisatud, kurna kohupiim väikesesse klaaskaussi peene sõelaga. Katke kilega, surudes plastik otse kohupiima pinnale, et vältida koore teket. Hoia külmkapis, kuni see on jahtunud ja tardunud, vähemalt 2–3 tundi (aga eelistatavalt üleöö). Kohupiim säilib suletud klaaspurgis külmkapis kuni 2 nädalat.

Donutsi jaoks

c) Taigna valmistamiseks lase ¾ tassi täispiima väikeses potis keskmisel kuumusel keema. Jälgige hoolikalt, et piim üle ei keeks.

Valage piim vedelasse mõõtetopsi ja laske sellel jahtuda temperatuurini 105 (F) kuni 110 (F). Kui piim on jahtunud, lisa piimale 2 suurt muna ja 2 suurt munakollast ning vahusta ettevaatlikult ühtlaseks.

d) Segage labakinnitusega eraldiseisva segisti kausis 3 ½ tassi universaalset jahu, ¼ tassi granuleeritud suhkrut, 2 ¼ teelusikatäit kiirpärmi ja üks teelusikatäis koššersoola. Lisage piimasegu ja segage, kuni see on segunenud.

e) Lülituge taignakonksule ja sõtke tainast madalal kiirusel, umbes 3 minutit. Tainas tundub kleepuv, kuid see on okei. Lisa 6 spl soolata võid, kuubik või kaks korraga. Kui võid ei segune, eemaldage kauss segistist ja sõtke võid kätega minut aega, et alustada. Lihtsalt jätkake lisamist ja sõtkumist, kuni see on hästi segunenud.

f) Kui või on lisatud, suurendage mikseri kiirust keskmisele ja sõtke tainast veel paar minutit, kuni tainas on ühtlane ja elastne. Tõsta tainas kergelt määritud keskmisesse kaussi, kata kilega ja pane külmkappi vähemalt kolmeks tunniks, kuid eelistatavalt üleöö.

g) Kui tainas on jahtunud, vooderda kaks küpsetusplaati küpsetuspaberiga. Piserdage pärgamendipaberit ohtralt küpsetusspreiga.

h) Kallutage külm tainas kergelt jahuga ülepuistatud tööpinnale ja rullige see umbes ½ tolli paksuseks 9x13-tolliseks ristkülikuks. Kasutage 3,5-tollist küpsisevormi, et lõigata tainast 12 ringi ja asetada need ettevalmistatud lehtedele. Puista iga taignaringi peale kergelt jahu ja kata need kergelt kilega. Asetage sooja kohta, kuni tainas on paisunud ja õrnalt vajutades aeglaselt tagasi kerkima, umbes tund aega.

i) Kui olete sõõrikute praadimiseks valmis, vooderdage rest paberrätikutega. Pange 1 tass granuleeritud suhkrut keskmisesse kaussi. Lisage taimeõli keskmise paksu põhjaga potti, kuni teil on umbes kaks tolli õli. Kinnitage kommide termomeeter poti küljele ja kuumutage õli temperatuurini 375 (F). Lisage õlile ettevaatlikult 1–2 sõõrikut ja prae neid kuldpruuniks, umbes 1–2 minutit mõlemalt poolt. Püüdke sõõrikud õlist välja lusikaga ja tõstke need ettevalmistatud restile. Umbes 1–2 minuti pärast, kui sõõrikud on käsitsemiseks piisavalt jahedad, viska need granuleeritud suhkru kaussi, kuni need on kaetud. Korrake ülejäänud taignaga.

TÄITMA

j) Sõõrikute täitmiseks torka Bismarcki kondiitriotsaga (või puulusika käepidemega) kummagi ühele küljele auk, jälgides, et see ei torkaks läbi teisele poole.

k) Täida väikese ümmarguse otsaga kondiitrikotike (või Bismarck Donuti ots, kui soovite) passionivilja kohupiimaga. Sisestage kondiitrikotti ots auku ja pigistage õrnalt, et täita iga sõõrik.

l) Kõrvale pakutav üleliigne kohupiim dipikastmena (sobib hästi ka vahvlitega!). Sõõrikud on valmistamise päeval parimad.

54. Mustikakoogi sõõrikud

KOOSTISOSAD:
- 1 tass universaalset jahu
- ½ tassi granuleeritud suhkrut
- 1 ½ teelusikatäit küpsetuspulbrit
- ½ tl soola
- ½ tl jahvatatud kaneeli
- ¼ tl jahvatatud muskaatpähklit
- ⅓ tassi petipiima
- ¼ tassi taimeõli
- 1 suur muna
- ½ tl vaniljeekstrakti
- ½ tassi värskeid mustikaid

JUHISED:

a) Kuumuta ahi temperatuurini 350 °F (175 °C). Määri sõõrikupann mittenakkuva küpsetusspreiga ja tõsta kõrvale.

b) Vahusta suures segamiskausis jahu, suhkur, küpsetuspulber, sool, kaneel ja muskaatpähkel, kuni need on hästi segunenud.

c) Eraldi segamisnõus vahustage petipiim, taimeõli, muna ja vaniljeekstrakt hästi kokku.

d) Vala märjad koostisosad kuivainete hulka ja sega ühtlaseks massiks.

e) Murra mustikad õrnalt sisse, kuni need on ühtlaselt kogu taignas jaotunud.

f) Tõsta tainas torukotti ja toruga ettevalmistatud sõõrikupanni, täites iga õõnsuse umbes ⅔ ulatuses.

g) Küpseta 12-15 minutit või kuni sõõriku keskele torgatud hambaork tuleb puhtana välja.

h) Eemaldage pann ahjust ja laske sõõrikutel 5 minutit pannil jahtuda, enne kui asetate need restile täielikult jahtuma.

i) Valikuline: jahtunud sõõrikud võid kasta ka tuhksuhkrust ja piimast valmistatud lihtsasse glasuuri, et lisada magusust.

j) Serveeri ja naudi oma maitsvaid mustikakoogi sõõrikuid!

SEEMNE DONUTS

55. Sidruni-mooniseemne sõõrikud

KOOSTISOSAD:
- 1 tass universaalset jahu
- ⅓ tassi granuleeritud suhkrut
- 1 spl mooniseemneid
- 1 tl küpsetuspulbrit
- ¼ teelusikatäit söögisoodat
- ¼ teelusikatäit soola
- ½ tassi petipiima
- 1 suur muna
- 2 spl soolata võid, sulatatud ja jahutatud
- 1 spl värsket sidrunimahla
- 1 tl sidrunikoort
- ½ tl vaniljeekstrakti

Glasuuri jaoks:
- ½ tassi tuhksuhkrut
- 1 spl värsket sidrunimahla
- 1 tl sidrunikoort

JUHISED:
a) Kuumuta ahi temperatuurini 350 ° F (180 ° C). Määri sõõrikupann küpsetusspreiga ja tõsta kõrvale.
b) Vahusta suures kausis jahu, suhkur, mooniseemned, küpsetuspulber, sooda ja sool.
c) Vahusta eraldi kausis petipiim, muna, sulavõi, sidrunimahl, sidrunikoor ja vaniljeekstrakt ühtlaseks massiks.
d) Valage märjad koostisosad kuivade koostisosade hulka ja segage, kuni need on lihtsalt segunenud.
e) Tõsta tainas lusikaga ettevalmistatud sõõrikuvormi, täites iga vormi umbes ⅔ ulatuses.
f) Küpseta 12–14 minutit või kuni sõõriku keskele torgatud hambaork tuleb puhtana välja.
g) Lase sõõrikutel mõni minut pannil jahtuda, enne kui tõstad need restile täielikult jahtuma.
h) Glasuuri valmistamiseks vahusta väikeses kausis tuhksuhkur, sidrunimahl ja sidrunikoor ühtlaseks massiks.
i) Kastke iga jahtunud sõõriku ülaosa glasuuri sisse ja asetage need seejärel restile tarduma.

56. Täistera kõrvitsaseemne sõõrikud

KOOSTISOSAD:
- 1 tass täistera nisujahu
- ¼ tassi universaalset jahu
- ¼ tassi kõrvitsaseemneid, peeneks jahvatatud
- ½ tassi pruuni suhkrut
- 1 tl küpsetuspulbrit
- ½ tl söögisoodat
- ½ tl soola
- ½ tl jahvatatud kaneeli
- ¼ tl jahvatatud ingverit
- ¼ tl jahvatatud muskaatpähklit
- ½ tassi petipiima
- ½ tassi kõrvitsapüreed
- 2 spl taimeõli
- 1 suur muna
- 1 tl vaniljeekstrakti

Glasuuri jaoks:
- ½ tassi tuhksuhkrut
- 1 spl piima
- ¼ tl vaniljeekstrakti
- 1 spl kõrvitsaseemneid, röstitud ja tükeldatud

JUHISED:

a) Kuumuta ahi temperatuurini 375 ° F. Määri sõõrikupann ja tõsta kõrvale.
b) Vahusta suures kausis jahud, kõrvitsaseemned, fariinsuhkur, küpsetuspulber, sooda, sool, kaneel, ingver ja muskaatpähkel.
c) Klopi teises kausis kokku petipiim, kõrvitsapüree, taimeõli, muna ja vaniljeekstrakt.
d) Valage märjad koostisosad kuivade koostisosade hulka ja segage, kuni need on lihtsalt segunenud.
e) Tõsta tainas lusikaga ettevalmistatud sõõrikuvormi, täites iga vormi umbes ¾ ulatuses.
f) Küpseta 10–12 minutit või kuni sõõrikud on kuldpruunid ja keskele torgatud hambaork tuleb puhtana välja.
g) Lase sõõrikutel 5 minutit pannil jahtuda, seejärel tõsta need restile täielikult jahtuma.
h) Glasuuri valmistamiseks vahusta tuhksuhkur, piim ja vaniljeekstrakt ühtlaseks massiks.
i) Kasta jahtunud sõõrikute tipud glasuuri sisse, seejärel puista peale hakitud röstitud kõrvitsaseemneid.
j) Lase glasuuril paar minutit taheneda, siis serveeri ja naudi!

57.Chia seemne sõõrikud

KOOSTISOSAD:

- 1 tass universaalset jahu
- ½ tassi suhkrut
- 1 tl küpsetuspulbrit
- ½ tl soola
- 2 splschia seemneid
- ½ tassi piima
- 1 muna
- 1 tl vaniljeekstrakti
- ¼ tassi taimeõli

JUHISED:

a) Kuumuta ahi temperatuurini 350 °F (180 °C).
b) Vahusta segamiskausis jahu, suhkur, küpsetuspulber, sool ja chia seemned.
c) Vahusta eraldi kausis piim, muna, vaniljeekstrakt ja taimeõli.
d) Lisa märjad koostisosad kuivadele koostisosadele ja sega ühtlaseks massiks.
e) Vala tainas võiga määritud sõõrikuvormi.
f) Küpseta 10–12 minutit või kuni sõõrikusse torgatud hambaork tuleb puhtana välja.
g) Eemaldage sõõrikud ahjust ja laske pannil 5 minutit jahtuda, enne kui asetate restile täielikult jahtuma.

58.Seesamiseemne sõõrikud

KOOSTISOSAD:
- 2 tassi universaalset jahu
- 1/2 tassi granuleeritud suhkrut
- 2 tl küpsetuspulbrit
- 1/2 teelusikatäit soola
- 1/4 tassi soolata võid, sulatatud
- 1 tass piima
- 2 suurt muna
- 1 tl vaniljeekstrakti
- 1/2 tassi seesamiseemneid

GLASUURI KOHTA:
- 1 tass tuhksuhkrut
- 2-3 supilusikatäit piima
- 1/4 tassi seesamiseemneid

JUHISED:
a) Kuumuta ahi temperatuurini 350 °F (175 °C) ja määri sõõrikuvorm.
b) Vahusta segamiskausis jahu, suhkur, küpsetuspulber ja sool.
c) Vahusta eraldi kausis sulavõi, piim, munad ja vaniljeekstrakt.
d) Lisage märjad koostisosad kuivadele koostisosadele ja segage, kuni need on lihtsalt segunenud.
e) Tõsta tainas lusikaga ettevalmistatud sõõrikupannile, täites iga süvend umbes 2/3 ulatuses.
f) Puista seesamiseemned ühtlaselt sõõrikutaignale.
g) Küpseta 12-15 minutit või kuni sõõrikutesse torgatud hambaork tuleb puhtana välja.
h) Vahusta väikeses kausis glasuuri saamiseks tuhksuhkur ja piim. Valatava konsistentsi saavutamiseks lisa vajadusel rohkem piima.
i) Kastke iga sõõrik glasuuri sisse, laske üleliigsel maha tilkuda, seejärel puistake seesamiseemnetega.

59. Mooniseemne sõõrikud

KOOSTISOSAD:
- 2 tassi universaalset jahu
- 1/2 tassi granuleeritud suhkrut
- 2 tl küpsetuspulbrit
- 1/2 teelusikatäit soola
- 2 spl mooniseemneid
- 1 tass piima
- 1/4 tassi taimeõli
- 2 suurt muna
- 1 tl vaniljeekstrakti

GLASUURI KOHTA:
- 1 tass tuhksuhkrut
- 2-3 supilusikatäit piima
- 1 spl mooniseemneid

JUHISED:
a) Kuumuta ahi temperatuurini 350 °F (175 °C) ja määri sõõrikuvorm.
b) Vahusta segamiskausis jahu, suhkur, küpsetuspulber, sool ja mooniseemned.
c) Vahusta eraldi kausis piim, taimeõli, munad ja vaniljeekstrakt.
d) Lisage märjad koostisosad kuivadele koostisosadele ja segage, kuni need on lihtsalt segunenud.
e) Tõsta tainas lusikaga ettevalmistatud sõõrikupannile, täites iga süvend umbes 2/3 ulatuses.
f) Küpseta 12-15 minutit või kuni sõõrikutesse torgatud hambaork tuleb puhtana välja.
g) Vahusta väikeses kausis glasuuri saamiseks tuhksuhkur ja piim. Valatava konsistentsi saavutamiseks lisa vajadusel rohkem piima.
h) Kasta iga sõõrik glasuuri sisse, lase üleliigsel maha tilkuda, seejärel puista peale mooniseemneid.

60.Linaseemne sõõrikud

KOOSTISOSAD:
- 2 tassi universaalset jahu
- 1/2 tassi granuleeritud suhkrut
- 2 tl küpsetuspulbrit
- 1/2 teelusikatäit soola
- 2 spl jahvatatud linaseemneid
- 1 tass piima
- 1/4 tassi soolata võid, sulatatud
- 2 suurt muna
- 1 tl vaniljeekstrakti

GLASUURI KOHTA:
- 1 tass tuhksuhkrut
- 2-3 supilusikatäit piima
- 1 spl jahvatatud linaseemneid

JUHISED:
a) Kuumuta ahi temperatuurini 350 °F (175 °C) ja määri sõõrikuvorm.
b) Vahusta segamiskausis jahu, suhkur, küpsetuspulber, sool ja jahvatatud linaseemned.
c) Vahusta eraldi kausis piim, sulavõi, munad ja vaniljeekstrakt.
d) Lisage märjad koostisosad kuivadele koostisosadele ja segage, kuni need on lihtsalt segunenud.
e) Tõsta tainas lusikaga ettevalmistatud sõõrikupannile, täites iga süvend umbes 2/3 ulatuses.
f) Küpseta 12-15 minutit või kuni sõõrikutesse torgatud hambaork tuleb puhtana välja.
g) Vahusta väikeses kausis glasuuri saamiseks tuhksuhkur ja piim. Valatava konsistentsi saavutamiseks lisa vajadusel rohkem piima.
h) Kasta iga sõõrik glasuuri sisse, lastes üleliigsel maha tilkuda, seejärel puista peale jahvatatud linaseemneid.

61.Päevalilleseemne sõõrikud

KOOSTISOSAD:
- 2 tassi universaalset jahu
- 1/2 tassi granuleeritud suhkrut
- 2 tl küpsetuspulbrit
- 1/2 teelusikatäit soola
- 1/2 tassi päevalilleseemneid
- 1 tass piima
- 1/4 tassi taimeõli
- 2 suurt muna
- 1 tl vaniljeekstrakti

GLASUURI KOHTA:
- 1 tass tuhksuhkrut
- 2-3 supilusikatäit piima
- 1/4 tassi päevalilleseemneid

JUHISED:
a) Kuumuta ahi temperatuurini 350 °F (175 °C) ja määri sõõrikuvorm.
b) Sega kausis omavahel jahu, suhkur, küpsetuspulber, sool ja päevalilleseemned.
c) Vahusta eraldi kausis piim, taimeõli, munad ja vaniljeekstrakt.
d) Lisage märjad koostisosad kuivadele koostisosadele ja segage, kuni need on lihtsalt segunenud.
e) Tõsta tainas lusikaga ettevalmistatud sõõrikupannile, täites iga süvend umbes 2/3 ulatuses.
f) Küpseta 12-15 minutit või kuni sõõrikutesse torgatud hambaork tuleb puhtana välja.
g) Vahusta väikeses kausis glasuuri saamiseks tuhksuhkur ja piim. Valatava konsistentsi saavutamiseks lisa vajadusel rohkem piima.
h) Kasta iga sõõrik glasuuri sisse, lastes üleliigsel maha tilkuda, seejärel puista üle päevalilleseemnetega.

PÄHKLISÕÕRKAD

62. Sarapuupähkliga kaetud sõõrik

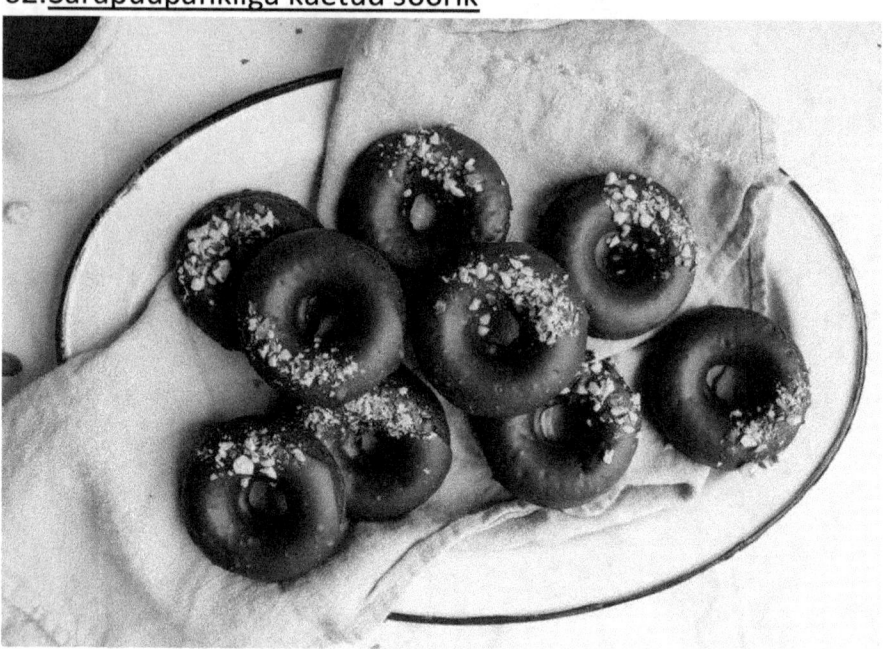

KOOSTISOSAD:
- 1 sõõrik, glasuuritud, poolitatud horisontaalselt
- 2 supilusikatäit Nutellat

JUHISED:
a) Asetage Nutella sõõrikupoolikute mõlemale lõigatud küljele.
b) Aseta ülemine pool alumisele poolele ja naudi.
c) Nautige.

63. Röstitud kookoseküpsetatud sõõrikud

KOOSTISOSAD:
- ¼ tassi soolamata võid pehmendatud
- ¼ tassi taimeõli
- ½ tassi granuleeritud suhkrut
- ⅓ tassi pruuni suhkrut
- 2 suurt muna
- 1½ tl küpsetuspulbrit
- ¼ teelusikatäit söögisoodat
- ½ tl muskaatpähklit
- ½ tl soola
- 1½ tl vaniljeekstrakti
- 2⅔ tassi universaalset jahu
- 1 tass petipiima

GLASE
- 1 tass tuhksuhkrut
- 1 spl heledat maisisiirupit
- 1 spl sulatatud võid
- 2 spl piima
- ½ tl vaniljeekstrakti
- ⅛ teelusikatäis soola

RÖSTITUD KOOKOS
- 1 tass magustatud hakitud kookospähklit või röstitud kookospähklit

JUHISED:
a) Kuumuta ahi 425°-ni. Määri sõõrikupann või pihusta pannile mittenakkuva küpsetusspreiga.
b) Sega suures kausis või, õli ja suhkrud ühtlaseks massiks.
c) Klopi ükshaaval juurde munad, kuni segu on ühtlane.
d) Lisage segule küpsetuspulber, sooda, muskaatpähkel ja vanill. Sega kuni segunemiseni.
e) Sega jahu vaheldumisi petipiimaga, alustades ja lõpetades jahuga. Segage ainult nii palju, et segu oleks.
f) Täitke lusikaga sõõrikuaugud ¾ täis taignaga, tainas on veidi jäik. Kasutage hambaorki, et tainas üksikute sõõrikute süvendite servadele laiali ajada.
g) Küpseta eelsoojendatud ahju keskmisel siinil 10 minutit. Sõõrikud valmivad siis, kui need kergelt vajutamisel tagasi tulevad. Sõõrikud jäävad kahvatuks ega tumene küpsetamisel, see on normaalne.

h) Eemaldage pann ahjust ja laske sõõrikutel veidi jahtuda, enne kui panni ümber pöörate.

i) Valmistage glasuur, kombineerides väikeses kausis kondiitrite suhkru, maisisiirupi, sulatatud või, piima, vanilje ja soola. Sega korralikult läbi. Kui glasuur on liiga paks, lisa 1 tl kaupa täiendavalt piima kuni soovitud konsistentsini.

j) Lisa kookospähkel suurele pannile madalal ja keskmisel kuumusel. Küpseta pidevalt segades, kuni helbed on enamasti kuldpruunid. Tõsta tulelt ja tõsta röstitud kookospähkel nõusse jahtuma.

k) Kasta kergelt soojad sõõrikud glasuuri ja seejärel röstitud kookospähkli sisse. Vajutage kookospähklile, et aidata glasuuriga kinni jääda.

l) Aseta sõõrikud jahutusrestile, et glasuur enne serveerimist tarduks.

64.Vahtra pähkli sõõrikud

KOOSTISOSAD:

- 1 ½ tassi universaalset jahu
- ½ tassi granuleeritud suhkrut
- 1 ½ tl küpsetuspulbrit
- ½ tl soola
- ½ tl jahvatatud kaneeli
- ½ tassi petipiima
- 2 muna
- ¼ tassi soolata võid, sulatatud
- ¼ tassi puhast vahtrasiirupit
- ½ tassi hakitud kreeka pähkleid

JUHISED:

a) Kuumuta ahi temperatuurini 350 ° F. Määri sõõrikupann mittenakkuva küpsetusspreiga.
b) Vahusta keskmises segamiskausis jahu, suhkur, küpsetuspulber, sool ja kaneel.
c) Vahusta eraldi segamiskausis petipiim, munad, sulavõi ja vahtrasiirup ühtlaseks massiks.
d) Lisage märjad koostisosad kuivadele koostisosadele ja segage, kuni need on lihtsalt segunenud.
e) Murra sisse hakitud kreeka pähklid.
f) Tõsta tainas lusikaga ettevalmistatud sõõrikuvormi, täites iga vormi umbes ⅔ ulatuses.
g) Küpseta 12–15 minutit või kuni sõõrikud on kergelt kuldsed ja keskele torgatud hambaork tuleb puhtana välja.
h) Laske sõõrikutel 5 minutit pannil jahtuda, seejärel eemaldage ja asetage restile täielikult jahtuma.

65. Mandli rõõmu sõõrikud

KOOSTISOSAD:

- 1 ½ tassi universaalset jahu
- ½ tassi granuleeritud suhkrut
- ⅓ tassi magustamata kakaopulbrit
- 1 tl küpsetuspulbrit
- ½ tl söögisoodat
- ½ tl soola
- ½ tassi petipiima
- ⅓ tassi taimeõli
- 2 muna
- 1 tl vaniljeekstrakti
- ½ tassi hakitud mandleid
- ½ tassi hakitud kookospähklit
- ½ tassi mini šokolaaditükke

JUHISED:

a) Kuumuta ahi temperatuurini 350 °F (180 °C) ja määri sõõrikupann.
b) Sega kausis jahu, suhkur, kakaopulber, küpsetuspulber, sooda ja sool.
c) Vahusta eraldi kausis petipiim, muna, taimeõli ja vaniljeekstrakt.
d) Valage märjad koostisosad kuivade koostisosade hulka ja segage, kuni need on lihtsalt segunenud.
e) Voldi sisse hakitud kookospähkel, hakitud mandlid ja šokolaaditükid.
f) Tõsta tainas lusikaga ettevalmistatud sõõrikuvormi, täites iga vormi umbes ¾ ulatuses.
g) Küpseta 12–15 minutit või kuni keskele torgatud hambaork tuleb puhtana välja.
h) Laske sõõrikutel mõni minut pannil jahtuda, enne kui asetate need restile täielikult jahtuma.

66.Maapähklivõi sõõrikud

KOOSTISOSAD:
- 1 ¾ tassi universaalset jahu
- ½ tassi granuleeritud suhkrut
- 2 tl küpsetuspulbrit
- ½ tl soola
- ½ tassi kreemjat maapähklivõid
- ¼ tassi soolata võid, sulatatud
- ¾ tassi piima
- 2 suurt muna
- 1 tl vaniljeekstrakti
- ½ tassi hakitud maapähkleid (katteks)

JUHISED:

a) Kuumuta ahi temperatuurini 350 °F (175 °C) ja määri sõõrikuvorm.

b) Vahusta segamiskausis jahu, suhkur, küpsetuspulber ja sool.

c) Vahusta eraldi kausis maapähklivõi, sulatatud või, piim, munad ja vaniljeekstrakt ühtlaseks massiks.

d) Lisage märjad koostisosad kuivadele koostisosadele ja segage, kuni need on lihtsalt segunenud.

e) Tõsta tainas lusikaga ettevalmistatud sõõrikupannile, täites iga süvend umbes 2/3 ulatuses.

f) Puista hakitud maapähklid ühtlaselt sõõrikutaignale.

g) Küpseta 12-15 minutit või kuni sõõrikutesse torgatud hambaork tuleb puhtana välja.

h) Lase sõõrikutel mõni minut pannil jahtuda, enne kui tõstad need restile täielikult jahtuma.

67.Sarapuupähkli Mocha sõõrikud

KOOSTISOSAD:
- 1 ¾ tassi universaalset jahu
- ½ tassi granuleeritud suhkrut
- 2 tl küpsetuspulbrit
- ½ tl soola
- ¼ tassi soolata võid, sulatatud
- ½ tassi piima
- 2 spl lahustuva kohvi graanuleid
- 2 suurt muna
- 1 tl vaniljeekstrakti
- ½ tassi hakitud sarapuupähkleid
- ½ tassi tuhksuhkrut
- 2 spl piima
- 1 spl kakaopulbrit
- Katteks hakitud sarapuupähkleid

JUHISED:
a) Kuumuta ahi temperatuurini 350 °F (175 °C) ja määri sõõrikuvorm.
b) Vahusta segamiskausis jahu, suhkur, küpsetuspulber ja sool.
c) Vahusta eraldi kausis sulavõi, piim, lahustuva kohvi graanulid, munad ja vaniljeekstrakt.
d) Lisage märjad koostisosad kuivadele koostisosadele ja segage, kuni need on lihtsalt segunenud.
e) Murra sisse hakitud sarapuupähklid.
f) Tõsta tainas lusikaga ettevalmistatud sõõrikupannile, täites iga süvend umbes 2/3 ulatuses.
g) Küpseta 12-15 minutit või kuni sõõrikutesse torgatud hambaork tuleb puhtana välja.
h) Vahusta väikeses kausis glasuuri valmistamiseks tuhksuhkur, piim ja kakaopulber.
i) Kasta iga sõõrik glasuuri sisse, lastes üleliigsel maha tilkuda, seejärel puista peale hakitud sarapuupähkleid.

68.Pistaatsia sõõrikud

KOOSTISOSAD:
- 1 ¾ tassi universaalset jahu
- ½ tassi granuleeritud suhkrut
- 2 tl küpsetuspulbrit
- ½ tl soola
- ¼ tassi soolata võid, sulatatud
- ½ tassi piima
- 2 suurt muna
- 1 tl vaniljeekstrakti
- ½ tassi hakitud pistaatsiapähklid
- ½ tassi tuhksuhkrut
- 2 spl piima
- Katteks tükeldatud pistaatsiapähklid

JUHISED:
a) Kuumuta ahi temperatuurini 350 °F (175 °C) ja määri sõõrikuvorm.
b) Vahusta segamiskausis jahu, suhkur, küpsetuspulber ja sool.
c) Vahusta eraldi kausis sulavõi, piim, munad ja vaniljeekstrakt.
d) Lisage märjad koostisosad kuivadele koostisosadele ja segage, kuni need on lihtsalt segunenud.
e) Murra sisse hakitud pistaatsiapähklid.
f) Tõsta tainas lusikaga ettevalmistatud sõõrikupannile, täites iga süvend umbes 2/3 ulatuses.
g) Küpseta 12-15 minutit või kuni sõõrikutesse torgatud hambaork tuleb puhtana välja.
h) Vahusta väikeses kausis glasuuri saamiseks tuhksuhkur ja piim.
i) Kastke iga sõõrik glasuuri sisse, laske üleliigsel maha tilkuda, seejärel puistake peale hakitud pistaatsiapähklid.

69.Kreeka pähkli karamelli sõõrikud

KOOSTISOSAD:
- 1 ¾ tassi universaalset jahu
- ½ tassi granuleeritud suhkrut
- 2 tl küpsetuspulbrit
- ½ tl soola
- ¼ tassi soolata võid, sulatatud
- ½ tassi piima
- 2 suurt muna
- 1 tl vaniljeekstrakti
- ½ tassi hakitud kreeka pähkleid
- 1 tass karamellkastet
- Katteks hakitud kreeka pähklid

JUHISED:
a) Kuumuta ahi temperatuurini 350 °F (175 °C) ja määri sõõrikuvorm.
b) Vahusta segamiskausis jahu, suhkur, küpsetuspulber ja sool.
c) Vahusta eraldi kausis sulavõi, piim, munad ja vaniljeekstrakt.
d) Lisage märjad koostisosad kuivadele koostisosadele ja segage, kuni need on lihtsalt segunenud.
e) Murra sisse hakitud kreeka pähklid.
f) Tõsta tainas lusikaga ettevalmistatud sõõrikupannile, täites iga süvend umbes 2/3 ulatuses.
g) Küpseta 12-15 minutit või kuni sõõrikutesse torgatud hambaork tuleb puhtana välja.
h) Lase sõõrikutel mõni minut pannil jahtuda, seejärel tõsta need restile.
i) Nirista sõõrikutele karamellkastet, seejärel puista peale hakitud kreeka pähkleid.

MOOS JA JELLY

70.Jam Donuts

KOOSTISOSAD:
- 3 tassi jahu
- Näputäis soola
- ½ tassi võid
- 1 tl kiirkuivpärmi
- ½ tassi suhkrut
- 2 tassi piima
- 2 muna
- 2-3 supilusikatäit moosi
- Õli friteerimiseks

JUHISED:
a) Sõelu jahu ja sool kaussi. Lisa pärm ja suhkur. Hõõruge võiga, kuni moodustub riivsai
b) Lisa piima- ja munasegu ning sõtku, kuni moodustub pehme tainas. Kata ja lase 1 tund kerkida
c) Jaga tainas 16 palliks ja vormi ümmargusteks. Aseta iga palli keskele väike supilusikatäis moosi, näpi näputäis moosiga kaetud ja vormi uuesti ümmargune
d) Lase 20 minutit puhata. Kuumuta õli ja prae sõõrikud kuldpruuniks
e) Aseta köögirätikuga taldrikule, et eemaldada liigne õli. Puista ohtralt tuhksuhkrut.

71. Black Forest Cherry Jam Donuts

KOOSTISOSAD:
SÕÕRIKUTAIGNA JAOKS
- 250g kanget saiajahu
- 50g tuhksuhkrut pluss 100g tolmutamiseks
- 5 g kuivatatud pärmi
- 2 muna
- 60 g soolavõid, sulatatud
- 2 l päevalilleõli

TÄIDISEKS
- 200 g kirsimoosi
- 100 ml vahukoort

JÄÄSTUSEKS
- 100g tuhksuhkrut, sõelutud
- 2 supilusikatäit kakaopulbrit, sõelutud
- 50 g tavalist šokolaadi
- värsked kirsid (valikuline)

JUHISED:
a) Pane jahu, suhkur, pärm, munad ja 125 ml sooja vett taignakonksu või labaga mikserisse ja sega 5 minutit, kuni tainas on väga pehme. Kui teil pole mikserit, võite kasutada suurt kaussi ja sõtkuda käsitsi (selleks võib kuluda kuni 10 minutit).

b) Lase tainal minut-kaks mikseris või kausis seista, kuni sulatad võid, seejärel käivita mikser uuesti ja lisa õrnalt õhukese joana sulavõi. Sega hästi veel 5 minutit, kuni tainas on läikiv, sile ja elastne ning tuleb kausi külgedelt lahti. Jällegi saab seda teha käsitsi, sõtkudes võid tainasse.

c) Kata kauss toidukilega ja tõsta 30 minutiks sooja kohta kõrvale, kuni see on ligikaudu kahekordistunud. Kui tainas on tõestatud, eemaldage tainas kausist ja asetage kergelt jahusele pinnale ning sõtke 2 minutit. Pane tainas tagasi kaussi ja kata toidukilega, seejärel jahuta üleöö külmikus.

d) Järgmisel päeval võta tainas külmkapist välja ja lõika 10 võrdseks tükiks, mõlemat veidi sõtkudes ja vormides ümmargusteks. Asetage kergelt jahuga ülepuistatud küpsetusplaadile, asetage need üksteisest kaugele, seejärel katke uuesti kergelt õlitatud toidukilega ja asetage sooja kohta 1-2 tunniks kõrvale, kuni see on umbes kahekordistunud.

e) Valage õli suurde kastrulisse, nii et see oleks umbes poolenisti täis, ja soojendage seejärel termomeetriga 170 °C-ni või kui väike saiatükk muutub 30 sekundiga kahvatukollaseks.
f) Pane 100 g tuhksuhkrut tolmutamiseks valmis kaussi, seejärel aseta sõõrikud 2-3 kaupa lusikaga ettevaatlikult kuuma õli sisse ja prae 2 minutit mõlemalt poolt kuldpruuniks. Eemaldage lusikaga ja pange otse suhkrukaussi, viskage katteks, seejärel asetage jahutusrestile.
g) Sõõrikute jahtumise ajal pane ühte torukotti kirsimoos ja teise vahukoor ning lõika iga koti otsa 1 cm auk.
h) Võtke jahtunud sõõrik ja tehke terava noaga väike sisselõige selle ühele küljele kuni sõõriku keskosani. Nüüd võtke teelusikas ja sisestage see auku, kuni lusika tass jõuab keskmesse, seejärel keerake teelusikat 360 kraadi ja tõmmake taigna keskosa välja; ära visata.
i) Võtke moosikott ja toruke keskele umbes 1 supilusikatäis moosi, seejärel tehke sama kreemiga, tagades, et sõõrikud on lihavad ja täidisega. Asetage need tagasi jahutusrestile.
j) Pange glasuuri koostisosad väikesesse kaussi 2–3 supilusikatäie veega ja segage hästi, kuni glasuur on paks ja läikiv ning katab teelusika seljaosa. Nirista igale sõõrikule tihedalt siksakilise mustriga 1 supilusikatäis glasuuri.
k) Seejärel raseerige kartulikoorijaga tahvli küljelt taldrikule õhukesed tavalise šokolaadi laastud. Puista laastud teelusikaga sõõrikutele.
l) Serveeri värskete kirssidega.

72.Vaarika toorjuustu želee sõõrikud

KOOSTISOSAD:

- 2 tassi universaalset jahu
- ¼ tassi granuleeritud suhkrut
- 2 ¼ tl kiirpärmi
- ½ tl soola
- ½ tassi piima
- 2 spl soolata võid, sulatatud
- 1 muna
- 1 tl vaniljeekstrakti
- 4 untsi toorjuustu, pehmendatud
- ¼ tassi vaarikamoosi
- Taimeõli, praadimiseks
- Tuhksuhkur, tolmutamiseks

JUHISED:

a) Vahusta suures segamiskausis jahu, suhkur, kiirpärm ja sool.
b) Vahusta eraldi segamiskausis piim, sulavõi, muna ja vaniljeekstrakt ühtlaseks massiks.
c) Lisage märjad koostisosad kuivadele koostisosadele ja segage, kuni need on lihtsalt segunenud.
d) Tõsta tainas jahusel pinnale ja sõtku 5-7 minutit või kuni tainas on sile ja elastne.
e) Kata tainas kaanega ja lase 10 minutit puhata.
f) Rulli tainas ¼ tolli paksuseks ja lõika biskviidilõikuri või joogiklaasi abil välja ringid.
g) Sega väikeses segamiskausis toorjuust ja vaarikamoos ühtlaseks massiks.
h) Tõsta iga ringi keskele teelusikatäis toorjuustusegu.
i) Voldi tainas üle ja pigista servad kinni.
j) Kuumutage taimeõli suures sügavas kastrulis keskmisel-kõrgel kuumusel.
k) Kui õli on kuum, tilguta sõõrikud ettevaatlikult õlisse ja prae 1-2 minutit mõlemalt poolt või kuni need on kuldpruunid.
l) Eemaldage sõõrikud õlist lusikaga ja asetage need paberrätikuga vooderdatud taldrikule, et liigne õli välja voolaks.
m) Enne serveerimist puista sõõrikud tuhksuhkruga üle.

73.Sidrunikohupiima sõõrikud

KOOSTISOSAD:
- 2 ¾ tassi universaalset jahu
- ¼ tassi granuleeritud suhkrut
- 2 tl aktiivset kuivpärmi
- ½ tl soola
- ½ tassi piima
- ¼ tassi soolata võid, sulatatud
- 2 suurt muna
- 1 tl vaniljeekstrakti
- Taimeõli, praadimiseks
- ½ tassi sidruni kohupiima
- Tuhksuhkur, tolmutamiseks

JUHISED:
a) Segage suures segamiskausis universaalne jahu, granuleeritud suhkur, aktiivne kuivpärm ja sool. Sega hästi.
b) Kuumutage piima eraldi väikeses kastrulis soojaks, kuid mitte keemiseni. Tõsta tulelt ja lisa sulatatud soolata või. Segage, kuni või on täielikult segunenud.
c) Klopi väikeses kausis lahti munad ja vaniljeekstrakt. Lisage see segu piima ja või segule ning vahustage, kuni see on hästi segunenud.
d) Valage märjad koostisosad kuivainete hulka ja segage puulusika või spaatliga, kuni moodustub tainas.
e) Tõsta tainas kergelt jahusele pinnale ja sõtku umbes 5 minutit, kuni see muutub ühtlaseks ja elastseks. Kui tainas on liiga kleepuv, lisa supilusikatäie kaupa veidi rohkem jahu, kuni see saavutab soovitud konsistentsi.
f) Tõsta tainas võiga määritud kaussi, kata puhta köögirätikuga ja lase soojas kohas kerkida umbes 1 tund või kuni see on kahekordistunud.
g) Kui tainas on kerkinud, suruge see õhu vabastamiseks alla. Keera see jahusel pinnal välja ja rulli umbes ½ tolli paksuseks.
h) Kasutage taignast ringide lõikamiseks ümmargust küpsisevormi või joogiklaasi. Aseta ringid küpsetuspaberiga kaetud ahjuplaadile ja lase veel 30 minutit kerkida.
i) Kuni sõõrikud kerkivad, kuumutage taimeõli sügavas kastrulis või fritüüris umbes 175 °C (350 °F).
j) Asetage sõõrikud ettevaatlikult kuuma õli sisse, paar kaupa ja prae neid umbes 2-3 minutit mõlemalt poolt või kuni need muutuvad

kuldpruuniks. Kasutage nende ümberpööramiseks lõhikuga lusikat või tange.
k) Kui sõõrikud on küpsetatud, eemaldage need õlist ja asetage need paberrätikuga vooderdatud taldrikule, et liigne õli välja voolaks.
l) Täitke väikese ümmarguse otsaga torukott sidruni kohupiimaga. Torka ots iga sõõriku külge ja pigista õrnalt, et keskosa oleks sidrunikohupiimaga täidetud. Korrake ülejäänud sõõrikutega.
m) Puista täidetud sõõrikud sõela või peene sõela abil tuhksuhkruga.
n) Serveeri sidrunikohupiima sõõrikud kohe soojana ja naudi!

74.Muraka glasuuritud sõõrikud

KOOSTISOSAD:

- 2 ¾ tassi universaalset jahu
- ¼ tassi granuleeritud suhkrut
- 2 tl aktiivset kuivpärmi
- ½ tl soola
- ½ tassi piima
- ¼ tassi soolata võid, sulatatud
- 2 suurt muna
- 1 tl vaniljeekstrakti
- Taimeõli, praadimiseks
- 1 tass värskeid murakaid
- 1 tass tuhksuhkrut
- 1-2 spl piima

JUHISED:

a) Segage suures segamiskausis universaalne jahu, granuleeritud suhkur, aktiivne kuivpärm ja sool. Sega hästi.
b) Kuumutage piima eraldi väikeses kastrulis soojaks, kuid mitte keemiseni. Tõsta tulelt ja lisa sulatatud soolata või. Segage, kuni või on täielikult segunenud.
c) Klopi väikeses kausis lahti munad ja vaniljeekstrakt. Lisage see segu piima ja või segule ning vahustage, kuni see on hästi segunenud.
d) Valage märjad koostisosad kuivainete hulka ja segage puulusika või spaatliga, kuni moodustub tainas.
e) Tõsta tainas kergelt jahusele pinnale ja sõtku umbes 5 minutit, kuni see muutub ühtlaseks ja elastseks. Kui tainas on liiga kleepuv, lisa supilusikatäie kaupa veidi rohkem jahu, kuni see saavutab soovitud konsistentsi.
f) Tõsta tainas võiga määritud kaussi, kata puhta köögirätikuga ja lase soojas kohas kerkida umbes 1 tund või kuni see on kahekordistunud.
g) Kui tainas on kerkinud, suruge see õhu vabastamiseks alla. Keera see jahusel pinnal välja ja rulli umbes ½ tolli paksuseks.
h) Kasutage taignast ringide lõikamiseks ümmargust küpsisevormi või joogiklaasi. Aseta ringid küpsetuspaberiga kaetud ahjuplaadile ja lase veel 30 minutit kerkida.
i) Kuni sõõrikud kerkivad, valmista murakaglasuur. Sega väikeses kastrulis värsked murakad ja tuhksuhkur. Küpseta keskmisel kuumusel aeg-ajalt segades, kuni murakad lagunevad ja eraldavad

mahla ning segu veidi pakseneb. Eemaldage tulelt ja laske sellel paar minutit jahtuda.
j) Tõsta muraka segu blenderisse või köögikombaini ja blenderda ühtlaseks massiks. Soovi korral kurna segu läbi peene sõela, et eemaldada seemned.
k) Segage 1-2 supilusikatäit piima, et glasuur oleks soovitud konsistentsini.
l) Kuumutage taimeõli sügavas kastrulis või fritüüris temperatuurini umbes 350 °F (175 °C).
m) Asetage sõõrikud ettevaatlikult kuuma õli sisse, paar kaupa ja prae neid umbes 2-3 minutit mõlemalt poolt või kuni need muutuvad kuldpruuniks. Kasutage nende ümberpööramiseks lõhikuga lusikat või tange.
n) Kui sõõrikud on küpsetatud, eemaldage need õlist ja asetage need paberrätikuga vooderdatud taldrikule, et liigne õli välja voolaks.
o) Kastke iga sõõrik murakaglasuuri sisse, keerates seda mõlemalt poolt. Asetage glasuuritud sõõrikud küpsetusplaadile asetatud restile, et üleliigne glasuur saaks maha tilkuda.
p) Enne murakaglasuuriga sõõrikute serveerimist lase glasuuril paar minutit taheneda.

75.Karamell-õunasõõrikud

KOOSTISOSAD:
- 2 ¾ tassi universaalset jahu
- ¼ tassi granuleeritud suhkrut
- 2 tl aktiivset kuivpärmi
- ½ tl soola
- ½ tassi piima
- ¼ tassi soolata võid, sulatatud
- 2 suurt muna
- 1 tl vaniljeekstrakti
- Taimeõli, praadimiseks
- ½ tassi õunavõid või õunamoosi
- Tuhksuhkur, tolmutamiseks

JUHISED:
a) Segage suures segamiskausis universaalne jahu, granuleeritud suhkur, aktiivne kuivpärm ja sool. Sega hästi.
b) Kuumutage piima eraldi väikeses kastrulis soojaks, kuid mitte keemiseni. Tõsta tulelt ja lisa sulatatud soolata või. Segage, kuni või on täielikult segunenud.
c) Klopi väikeses kausis lahti munad ja vaniljeekstrakt. Lisage see segu piima ja või segule ning vahustage, kuni see on hästi segunenud.
d) Valage märjad koostisosad kuivainete hulka ja segage puulusika või spaatliga, kuni moodustub tainas.
e) Tõsta tainas kergelt jahusele pinnale ja sõtku umbes 5 minutit, kuni see muutub ühtlaseks ja elastseks. Kui tainas on liiga kleepuv, lisa supilusikatäie kaupa veidi rohkem jahu, kuni see saavutab soovitud konsistentsi.
f) Tõsta tainas võiga määritud kaussi, kata puhta köögirätikuga ja lase soojas kohas kerkida umbes 1 tund või kuni see on kahekordistunud.
g) Kui tainas on kerkinud, suruge see õhu vabastamiseks alla. Keera see jahusel pinnal välja ja rulli umbes ½ tolli paksuseks.
h) Kasutage taignast ringide lõikamiseks ümmargust küpsisevormi või joogiklaasi. Aseta ringid küpsetuspaberiga kaetud ahjuplaadile ja lase veel 30 minutit kerkida.
i) Kuni sõõrikud kerkivad, kuumutage taimeõli sügavas kastrulis või fritüüris umbes 175 °C (350 °F).
j) Asetage sõõrikud ettevaatlikult kuuma õli sisse, paar kaupa ja prae neid umbes 2-3 minutit mõlemalt poolt või kuni need muutuvad

kuldpruuniks. Kasutage nende ümberpööramiseks lõhikuga lusikat või tange.
k) Kui sõõrikud on küpsetatud, eemaldage need õlist ja asetage need paberrätikuga vooderdatud taldrikule, et liigne õli välja voolaks.
l) Täida väikese ümara otsaga torukott õunavõi või õunamoosiga. Torka ots iga sõõriku küljele ja pigista õrnalt, et keskosa oleks täidetud karamellise õunatäidisega. Korrake ülejäänud sõõrikutega.
m) Puista täidetud sõõrikud sõela või peene sõela abil tuhksuhkruga.
n) Serveeri karamellised õunasõõrikud kohe soojana ja naudi!

76.Nutella-täidisega sõõrikud

KOOSTISOSAD:
- 2 ¾ tassi universaalset jahu
- ¼ tassi granuleeritud suhkrut
- 2 tl aktiivset kuivpärmi
- ½ tl soola
- ½ tassi piima
- ¼ tassi soolata võid, sulatatud
- 2 suurt muna
- 1 tl vaniljeekstrakti
- Taimeõli, praadimiseks
- Nutella (või sinu lemmik šokolaadi-sarapuupähklimääre)
- Tuhksuhkur, tolmutamiseks

JUHISED:
a) Segage suures segamiskausis universaalne jahu, granuleeritud suhkur, aktiivne kuivpärm ja sool. Sega hästi.
b) Kuumutage piima eraldi väikeses kastrulis soojaks, kuid mitte keemiseni. Tõsta tulelt ja lisa sulatatud soolata või. Segage, kuni või on täielikult segunenud.
c) Klopi väikeses kausis lahti munad ja vaniljeekstrakt. Lisage see segu piima ja või segule ning vahustage, kuni see on hästi segunenud.
d) Valage märjad koostisosad kuivainete hulka ja segage puulusika või spaatliga, kuni moodustub tainas.
e) Tõsta tainas kergelt jahusele pinnale ja sõtku umbes 5 minutit, kuni see muutub ühtlaseks ja elastseks. Kui tainas on liiga kleepuv, lisa supilusikatäie kaupa veidi rohkem jahu, kuni see saavutab soovitud konsistentsi.
f) Tõsta tainas võiga määritud kaussi, kata puhta köögirätikuga ja lase soojas kohas kerkida umbes 1 tund või kuni see on kahekordistunud.
g) Kui tainas on kerkinud, suruge see õhu vabastamiseks alla. Keera see jahusel pinnal välja ja rulli umbes ½ tolli paksuseks.
h) Kasutage taignast ringide lõikamiseks ümmargust küpsisevormi või joogiklaasi. Aseta ringid küpsetuspaberiga kaetud ahjuplaadile ja lase veel 30 minutit kerkida.
i) Kuni sõõrikud kerkivad, valmista Nutella täidis. Tõsta teelusikatäis Nutellat kiletükile ja vormi sellest väike pall. Korrake, kuni teil on iga sõõriku jaoks piisavalt Nutella palle.
j) Võtke iga kerkinud sõõrikuring ja asetage keskele Nutella pall. Voldi servad Nutellale ja näpista need kokku, et täidis sees oleks

tihendatud. Keerake seda õrnalt rulli, et veenduda, et see on hästi suletud.
k) Kuumutage taimeõli sügavas kastrulis või fritüüris temperatuurini umbes 350 °F (175 °C).
l) Aseta Nutella-täidisega sõõrikud ettevaatlikult kuuma õli sisse, paar korda ja prae neid umbes 2-3 minutit mõlemalt poolt või kuni need muutuvad kuldpruuniks. Kasutage nende ümberpööramiseks lõhikuga lusikat või tange.
m) Kui sõõrikud on küpsetatud, eemaldage need õlist ja asetage need paberrätikuga vooderdatud taldrikule, et liigne õli välja voolaks.
n) Puista Nutella-täidisega sõõrikud sõela või peene sõela abil tuhksuhkruga.
o) Serveeri Nutella-täidisega sõõrikud kohe soojana ja naudi maitsvat šokolaadi-sarapuupähklitäidist!

MÖÖDAVAD DONUTS

77.Röstitud Baileysi küpsetatud sõõrikud

KOOSTISOSAD:
- ¼ tassi soolamata võid pehmendatud
- ¼ tassi taimeõli
- ½ tassi granuleeritud suhkrut
- ⅓ tassi pruuni suhkrut
- 2 suurt muna
- 1½ tl küpsetuspulbrit
- ¼ teelusikatäit söögisoodat
- ½ tl muskaatpähklit
- ½ tl soola
- 1½ tl vaniljeekstrakti
- 2⅔ tassi universaalset jahu
- 1 tass Baileys

GLASE
- 1 tass tuhksuhkrut
- 1 spl heledat maisisiirupit
- 1 spl sulatatud võid
- 2 supilusikatäit Baileys
- ½ tl vaniljeekstrakti
- ⅛ teelusikatäis soola

RÖSTITUD KOOKOS
- 1 tass magustatud hakitud kookospähklit või röstitud kookospähklit

JUHISED:
a) Kuumuta ahi 425°-ni. Määri sõõrikupann või pihusta pannile mittenakkuva küpsetusspreiga.
b) Sega suures kausis või, õli ja suhkrud ühtlaseks massiks.
c) Klopi ükshaaval juurde munad, kuni segu on ühtlane.
d) Lisage segule küpsetuspulber, sooda, muskaatpähkel ja vanill. Sega kuni segunemiseni.
e) Sega vaheldumisi Baileys'dega jahu, alustades ja lõpetades jahuga. Segage ainult nii palju, et segu oleks.
f) Täitke lusikaga sõõrikuaugud ¾ täis taignaga, tainas on veidi jäik. Kasutage hambaorki, et tainas üksikute sõõrikute süvendite servadele laiali ajada.
g) Küpseta eelsoojendatud ahju keskmisel siinil 10 minutit. Sõõrikud valmivad siis, kui need kergelt vajutamisel tagasi tulevad. Sõõrikud jäävad kahvatuks ega tumene küpsetamisel, see on normaalne.

h) Eemaldage pann ahjust ja laske sõõrikutel veidi jahtuda, enne kui panni ümber pöörate.

VALMISTA GLAASU

i) Segage väikeses kausis kondiitrite suhkur, maisisiirup, sulatatud või, Baileys, vanill ja sool. Sega korralikult läbi. Kui glasuur on liiga paks, lisage täiendavalt Baileys, 1 teelusikatäis korraga kuni soovitud konsistentsini.

j) Lisa kookospähkel suurele pannile madalal ja keskmisel kuumusel. Küpseta pidevalt segades, kuni helbed on enamasti kuldpruunid. Tõsta tulelt ja tõsta röstitud kookospähkel nõusse jahtuma.

k) Kasta kergelt soojad sõõrikud glasuuri ja seejärel röstitud kookospähkli sisse. Vajutage kookospähklile, et aidata glasuuriga kinni jääda.

l) Aseta sõõrikud jahutusrestile, et glasuur enne serveerimist tarduks.

78. Margarita sõõrikud

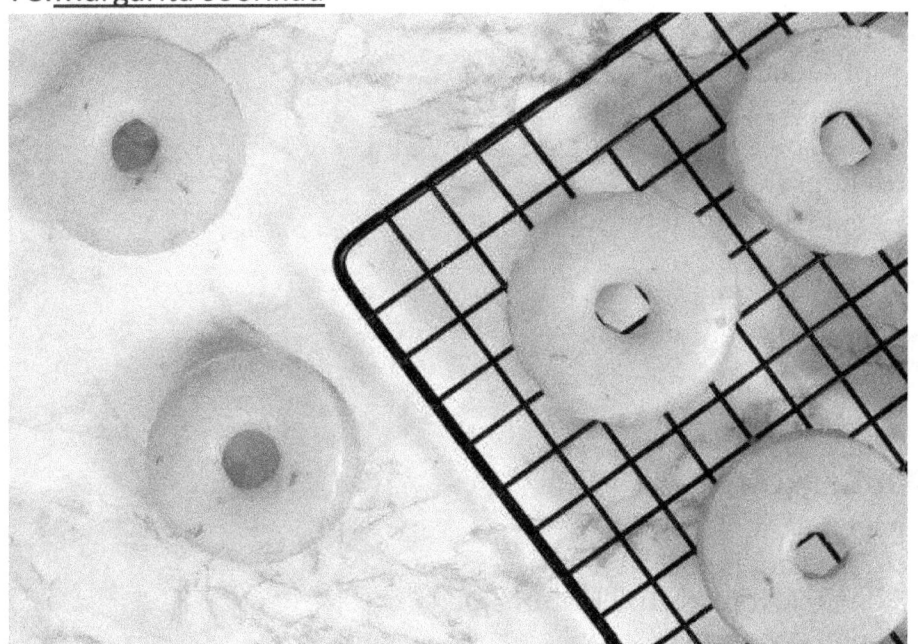

KOOSTISOSAD:

sõõrikute jaoks:
- 3 spl soolata võid, sulatatud
- ½ tassi täistera nisujahu
- ½ tassi pleegitamata universaalset jahu
- 1 tl küpsetuspulbrit
- ¼ teelusikatäit meresoola
- 1 laimi koor
- ¼ tassi suhkrut
- 2 supilusikatäit mett
- 1 suur muna
- ¼ tl vanilli
- ⅓ tassi petipiima

GLASUURI KOHTA:
- 1 tl tequilat
- 2 tl apelsinilikööri, nt triple sec
- 2 tl värskelt pressitud laimimahla
- 1 laimi koor
- ⅔ tassi tuhksuhkrut (võite vajada veidi rohkem või vähem)

JUHISED:
sõõrikute jaoks:
a) Kuumuta ahi temperatuurini 400 °F. Pihustage sõõrikupann mittenakkuva küpsetusspreiga ja asetage kõrvale.
b) Sulata või väikeses kausis ja tõsta kõrvale jahtuma. Samal ajal vahusta suures kausis omavahel jahu, küpsetuspulber, sool ja laimikoor. Kõrvale panema.
c) Vahusta suhkur, mesi, muna ja vanill jahtunud või hulka, kuni need on hästi segunenud. Klopi sisse petipiim. Valage märjad koostisosad kuivainete hulka ja vahustage, kuni need on lihtsalt segunenud, olge ettevaatlik, et mitte üle segada.
d) Vala tainas torukotti (või lukuga kilekotti, mille nurk on ära lõigatud) ja toru ühtlaselt pannile.
e) Küpseta sõõrikud 7 minutit. Laske 1 minut jahtuda, enne kui panni ümber pöörate, et eemaldada sõõrikud jahutusrestile. Laske neil täielikult jahtuda - umbes 15-20 minutit.

GLASUURI KOHTA:
f) Kui sõõrikud on jahtunud, vahustage lamedapõhjalises kausis tequila, apelsiniliköör, laimimahl ja koor ühtlaseks seguks. Vahusta tuhksuhkur ükshaaval aeglaselt ühtlaseks vahuks. Kui glasuur on liiga paks, lisa veel üks tilk tekiilat. Kui see on liiga õhuke, lisage veel veidi tuhksuhkrut.
g) Kastke sõõrikud glasuuri sisse, raputage edasi-tagasi, et need ühel küljel ühtlaselt kataks, ja asetage tagasi jahutusrestile, jääs pool üleval.
h) Laske glasuuril taheneda, umbes 20 minutit. Serveeri otse üles, luugi alla.

79.Brändi ja moosisõõrikud

KOOSTISOSAD:
- 2 pakki aktiivset kuivpärmi (4 ½ teelusikatäit)
- 1 ½ tassi taimset piima, soe, umbes 110 F
- ½ tassi granuleeritud suhkrut
- ½ tassi kookosvõid, toatemperatuuril
- 1 spl brändit
- 1 tl soola
- 4 ½ kuni 5 tassi universaalset jahu
- 1 gallon taimeõli friteerimiseks
- Umbes ½ tassi granuleeritud suhkrut, rullimiseks
- Umbes ½ tassi kondiitri suhkrut rullimiseks
- 1 tass moosi või puuviljapastat täidiseks, valikuline

JUHISED:

a) Väikeses kausis lahustage pärm soojas taimses piimas. Tõsta pärast segamist lahustumiseks kõrvale.
b) Kombineerige suhkur ja kookosvõi suures segistikausis või labakinnitusega segistis kuni vahuni.
c) Vahusta brändi või rumm, samuti sool, kuni segu on hästi segunenud.
d) Kasutades aeru, lisage vaheldumisi 4 ½ tassi jahu ja taimset piima-pärmi segu. Vahusta masinaga 5 minutit või kauem, kuni see on ühtlane, või käsitsi kauem.
e) Asetage tainas õliga määritud kaussi. Pöörake pann teisele küljele võiga määrimiseks.
f) Kata pealmine osa kilega ja lase kerkida 1–2,5 tundi või kuni maht on kahekordistunud.
g) Puista kergelt jahune pind jahuga ja rulli tainas lahti. Patsutage või rullige ½ tolli paksuseks. Raiskamise vältimiseks kasutage 3-tollist küpsiselõikurit, et lõigata ringid üksteise lähedal.
h) Enne praadimist kata leht niiske lapiga ja lase ringidel kerkida, kuni mass on kahekordistunud, umbes 30 minutit.
i) Kuumutage õli suurel pannil või Hollandi ahjus temperatuurini 350 kraadi F. Asetage õlisse paar kerkivat pczki-d ülevalt alla (kuiv pool) ja küpseta 2–3 minutit või kuni põhi on kuldpruun.
j) Pöörake need ümber ja küpseta veel 1–2 minutit või kuni kuldpruunini. Veenduge, et õli ei muutuks liiga kuumaks, et välispind ei pruunistuks enne sisemuse valmimist. Kontrollige jahedat, et näha, kas see on täielikult küpsenud. Küpsetusaega ja õli kuumust tuleks vastavalt reguleerida.
k) Veereta veel soojas granuleeritud suhkrus. Kui soovite neid täita, tehke pczki küljele auk ja pigistage kondiitrikotiga sellesse suur nukk enda valitud täidist. Seejärel puista täidetud pczki peale granuleeritud suhkrut, kondiitrite suhkrut või glasuuri.
l) Pczki ei säili hästi, nii et sööge neid kohe või külmutage, kui soovite parimat maitset. Nautige.

80.Iiri kohvi sõõrikud

KOOSTISOSAD:

- 1 ½ tassi universaalset jahu
- ½ tassi granuleeritud suhkrut
- 1 ½ teelusikatäit küpsetuspulbrit
- ½ tl soola
- ½ tassi keedetud kohvi, jahutatud
- ¼ tassi Iiri viskit
- 2 spl sulatatud soolata võid
- 1 suur muna
- ½ tl vaniljeekstrakti
- ¼ tassi tuhksuhkrut (puistamiseks)

JUHISED:

a) Kuumuta ahi temperatuurini 350 °F (175 °C) ja määri sõõrikuvorm.

b) Sega kausis kokku universaalne jahu, granuleeritud suhkur, küpsetuspulber ja sool.

c) Klopi eraldi kausis kokku keedetud kohv, Iiri viski, sulavõi, muna ja vaniljeekstrakt.

d) Lisage märjad koostisosad kuivadele koostisosadele ja segage, kuni need on lihtsalt segunenud.

e) Tõsta tainas lusikaga ettevalmistatud sõõrikupannile, täites iga süvend umbes 2/3 ulatuses.

f) Küpseta 12-15 minutit või kuni sõõrikutesse torgatud hambaork tuleb puhtana välja.

g) Lase sõõrikutel mõni minut pannil jahtuda, seejärel tõsta need restile.

h) Enne serveerimist puista sõõrikud tuhksuhkruga üle.

81.Bourbon Maple Peekoni sõõrikud

KOOSTISOSAD:

- 1 ¾ tassi universaalset jahu
- ½ tassi granuleeritud suhkrut
- 2 tl küpsetuspulbrit
- ½ tl soola
- ¼ tassi sulatatud soolata võid
- ½ tassi piima
- 2 supilusikatäit burboni
- 1 suur muna
- 1 tl vaniljeekstrakti
- 6 viilu keedetud peekonit, murendatud
- ½ tassi puhast vahtrasiirupit
- 2 spl burbooni (glasuuri jaoks)
- Lisamiseks purustatud peekon

JUHISED:

a) Kuumuta ahi temperatuurini 350 °F (175 °C) ja määri sõõrikuvorm.
b) Sega kausis kokku universaalne jahu, granuleeritud suhkur, küpsetuspulber ja sool.
c) Segage eraldi kausis sulatatud või, piim, burboon, muna ja vaniljeekstrakt.
d) Lisage märjad koostisosad kuivadele koostisosadele ja segage, kuni need on lihtsalt segunenud.
e) Voldi sisse murendatud peekon.
f) Tõsta tainas lusikaga ettevalmistatud sõõrikupannile, täites iga süvend umbes 2/3 ulatuses.
g) Küpseta 12-15 minutit või kuni sõõrikutesse torgatud hambaork tuleb puhtana välja.
h) Vahusta väikeses kausis vahtrasiirup ja bourbon glasuuri valmistamiseks.
i) Kasta iga sõõrik glasuuri sisse, lastes üleliigsel maha tilkuda, seejärel puista peale veel murendatud peekonit.

82.Šampanja vaarika sõõrikud

KOOSTISOSAD:

- 1 ¾ tassi universaalset jahu
- ½ tassi granuleeritud suhkrut
- 2 tl küpsetuspulbrit
- ½ tl soola
- ¼ tassi sulatatud soolata võid
- ½ tassi šampanjat
- 1 suur muna
- 1 tl vaniljeekstrakti
- ½ tassi värskeid vaarikaid
- 1 tass tuhksuhkrut
- 2-3 spl šampanjat (glasuuri jaoks)
- Katteks veel värsked vaarikad

JUHISED:

a) Kuumuta ahi temperatuurini 350 °F (175 °C) ja määri sõõrikuvorm.
b) Sega kausis kokku universaalne jahu, granuleeritud suhkur, küpsetuspulber ja sool.
c) Sega eraldi kausis sulatatud või, šampanja, muna ja vaniljeekstrakt.
d) Lisage märjad koostisosad kuivadele koostisosadele ja segage, kuni need on lihtsalt segunenud.
e) Sega õrnalt sisse värsked vaarikad.
f) Tõsta tainas lusikaga ettevalmistatud sõõrikupannile, täites iga süvend umbes 2/3 ulatuses.
g) Küpseta 12-15 minutit või kuni sõõrikutesse torgatud hambaork tuleb puhtana välja.
h) Vahusta väikeses kausis tuhksuhkur ja šampanja glasuuri saamiseks.
i) Kastke iga sõõrik glasuuri sisse, laske üleliigsel maha tilkuda, seejärel pange peale värsked vaarikad.

83. Kahlua šokolaadisõõrikud

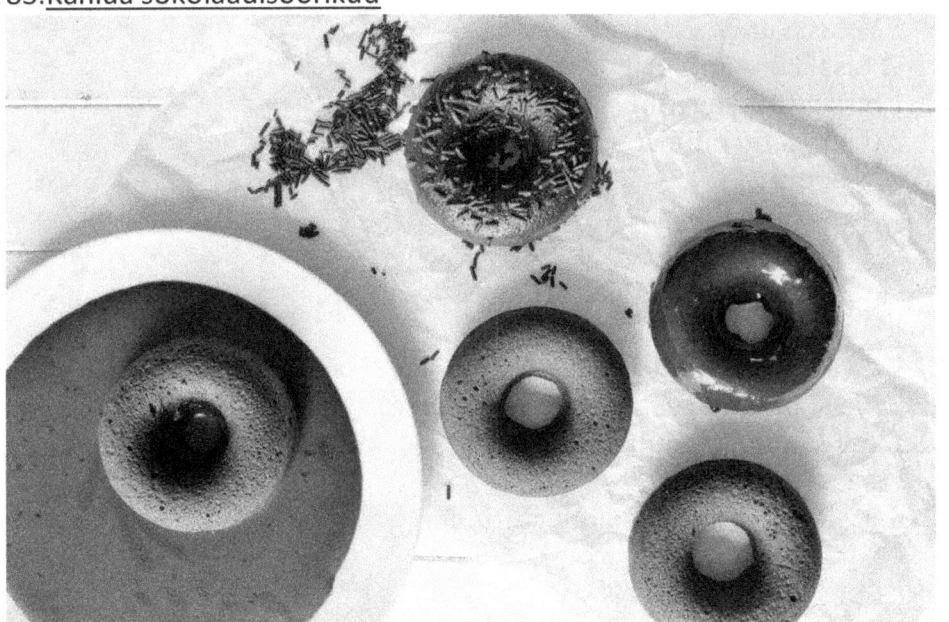

KOOSTISOSAD:

- 1 ½ tassi universaalset jahu
- ½ tassi kakaopulbrit
- 1 tass granuleeritud suhkrut
- 2 tl küpsetuspulbrit
- ½ tl soola
- ½ tassi piima
- ½ tassi Kahlua
- ¼ tassi sulatatud soolata võid
- 1 suur muna
- 1 tl vaniljeekstrakti
- ½ tassi poolmagusaid šokolaaditükke
- 1 spl Kahlua (glasuuri jaoks)
- ½ tassi tuhksuhkrut
- Katteks täiendavad šokolaaditükid

JUHISED:

a) Kuumuta ahi temperatuurini 350 °F (175 °C) ja määri sõõrikuvorm.
b) Sega kausis kokku universaalne jahu, kakaopulber, granuleeritud suhkur, küpsetuspulber ja sool.
c) Segage eraldi kausis piim, Kahlua, sulatatud või, muna ja vaniljeekstrakt.
d) Lisage märjad koostisosad kuivadele koostisosadele ja segage, kuni need on lihtsalt segunenud.
e) Voldi sisse poolmagusad šokolaaditükid.
f) Tõsta tainas lusikaga ettevalmistatud sõõrikupannile, täites iga süvend umbes 2/3 ulatuses.
g) Küpseta 12-15 minutit või kuni sõõrikutesse torgatud hambaork tuleb puhtana välja.
h) Vahusta väikeses kausis tuhksuhkur ja Kahlua glasuuri valmistamiseks.
i) Kasta iga sõõrik glasuuri sisse, lastes üleliigsel maha tilkuda, seejärel puista peale täiendavad šokolaaditükid.

84.Rumm-karamelliga glasuuritud sõõrikud

KOOSTISOSAD:
- 1 ¾ tassi universaalset jahu
- ½ tassi granuleeritud suhkrut
- 2 tl küpsetuspulbrit
- ½ tl soola
- ¼ tassi sulatatud soolata võid
- ½ tassi piima
- 2 spl tumedat rummi
- 1 suur muna
- 1 tl vaniljeekstrakti
- 1 tass granuleeritud suhkrut (karamellglasuuri jaoks)
- 1/4 tassi vett
- 1 spl tumedat rummi
- ½ tassi tuhksuhkrut
- Lisa rummi niristamiseks

JUHISED:
a) Kuumuta ahi temperatuurini 350 °F (175 °C) ja määri sõõrikuvorm.
b) Sega kausis kokku universaalne jahu, granuleeritud suhkur, küpsetuspulber ja sool.
c) Sega eraldi kausis sulatatud või, piim, rumm, muna ja vaniljeekstrakt.
d) Lisage märjad koostisosad kuivadele koostisosadele ja segage, kuni need on lihtsalt segunenud.
e) Tõsta tainas lusikaga ettevalmistatud sõõrikupannile, täites iga süvend umbes 2/3 ulatuses.
f) Küpseta 12-15 minutit või kuni sõõrikutesse torgatud hambaork tuleb puhtana välja.
g) Karamellglasuuri jaoks sega kastrulis granuleeritud suhkur ja vesi. Kuumuta keskmisel kuumusel, kuni suhkur on lahustunud, seejärel küpseta segamata, kuni segu muutub kuldpruuniks.
h) Tõsta karamell tulelt ja sega ettevaatlikult sisse rumm.
i) Vahusta väikeses kausis glasuuri valmistamiseks tuhksuhkur ja tilk rummi.
j) Kasta iga sõõrik karamellglasuuri sisse, lastes üleliigsel maha tilkuda, seejärel nirista peale rummiglasuuri.

85.Tequila laimi sõõrikud

KOOSTISOSAD:
- 1 ¾ tassi universaalset jahu
- ½ tassi granuleeritud suhkrut
- 2 tl küpsetuspulbrit
- ½ tl soola
- 2 laimi koor
- ¼ tassi sulatatud soolata võid
- ½ tassi piima
- 2 spl tequilat
- 1 suur muna
- 1 tl vaniljeekstrakti
- 1 laimi mahl
- ½ tassi tuhksuhkrut
- Lisamiseks laimikoort

JUHISED:

a) Kuumuta ahi temperatuurini 350 °F (175 °C) ja määri sõõrikuvorm.

b) Vahusta segamiskausis universaalne jahu, granuleeritud suhkur, küpsetuspulber, sool ja laimikoor.

c) Sega eraldi kausis sulatatud või, piim, tequila, muna, vaniljeekstrakt ja laimimahl.

d) Lisage märjad koostisosad kuivadele koostisosadele ja segage, kuni need on lihtsalt segunenud.

e) Tõsta tainas lusikaga ettevalmistatud sõõrikupannile, täites iga süvend umbes 2/3 ulatuses.

f) Küpseta 12-15 minutit või kuni sõõrikutesse torgatud hambaork tuleb puhtana välja.

g) Vahusta väikeses kausis glasuuri saamiseks tuhksuhkur ja laimimahl.

h) Kasta iga sõõrik glasuuri sisse, lastes üleliigsel maha tilkuda, seejärel puista peale laimikoort.

86.Baileysi šokolaadisõõrikud

KOOSTISOSAD:

- 1 ½ tassi universaalset jahu
- ½ tassi kakaopulbrit
- 1 tass granuleeritud suhkrut
- 2 tl küpsetuspulbrit
- ½ tl soola
- ½ tassi piima
- ½ tassi Baileys Irish Cream
- ¼ tassi sulatatud soolata võid
- 1 suur muna
- 1 tl vaniljeekstrakti
- ½ tassi poolmagusaid šokolaaditükke
- 1 tass tuhksuhkrut
- 2 supilusikatäit Baileys Irish Cream (glasuuri jaoks)

JUHISED:

a) Kuumuta ahi temperatuurini 350 °F (175 °C) ja määri sõõrikuvorm.
b) Sega kausis kokku universaalne jahu, kakaopulber, granuleeritud suhkur, küpsetuspulber ja sool.
c) Sega eraldi kausis piim, Baileys Irish Cream, sulatatud või, muna ja vaniljeekstrakt.
d) Lisage märjad koostisosad kuivadele koostisosadele ja segage, kuni need on lihtsalt segunenud.
e) Voldi sisse poolmagusad šokolaaditükid.
f) Tõsta tainas lusikaga ettevalmistatud sõõrikupannile, täites iga süvend umbes 2/3 ulatuses.
g) Küpseta 12-15 minutit või kuni sõõrikutesse torgatud hambaork tuleb puhtana välja.
h) Vahusta väikeses kausis tuhksuhkur ja Baileys Irish Cream glasuuri valmistamiseks.
i) Kasta iga sõõrik glasuuri sisse, lastes üleliigsel maha tilkuda.

87.Rumm Rosina sõõrikud

KOOSTISOSAD:

- 1 ¾ tassi universaalset jahu
- ½ tassi granuleeritud suhkrut
- 2 tl küpsetuspulbrit
- ½ tl soola
- ¼ tassi sulatatud soolata võid
- ½ tassi piima
- 2 spl tumedat rummi
- 1 suur muna
- 1 tl vaniljeekstrakti
- ½ tassi rosinaid
- ½ tassi tuhksuhkrut
- 2 spl tumedat rummi (glasuuri jaoks)
- Lisa rosinad katteks

JUHISED:

a) Kuumuta ahi temperatuurini 350 °F (175 °C) ja määri sõõrikuvorm.
b) Sega kausis kokku universaalne jahu, granuleeritud suhkur, küpsetuspulber ja sool.
c) Sega eraldi kausis sulatatud või, piim, rumm, muna ja vaniljeekstrakt.
d) Lisage märjad koostisosad kuivadele koostisosadele ja segage, kuni need on lihtsalt segunenud.
e) Murra sisse rosinad.
f) Tõsta tainas lusikaga ettevalmistatud sõõrikupannile, täites iga süvend umbes 2/3 ulatuses.
g) Küpseta 12-15 minutit või kuni sõõrikutesse torgatud hambaork tuleb puhtana välja.
h) Vahusta väikeses kausis tuhksuhkur ja rumm glasuuri valmistamiseks.
i) Kasta iga sõõrik glasuuri sisse, lastes üleliigsel maha tilkuda, seejärel tõsta peale veel rosinaid.

88.Mimosa sõõrikud

KOOSTISOSAD:
- 1 ½ tassi universaalset jahu
- ½ tassi granuleeritud suhkrut
- 2 tl küpsetuspulbrit
- ½ tl soola
- 1 apelsini koor
- ¼ tassi sulatatud soolata võid
- ½ tassi apelsinimahla
- ½ tassi šampanjat
- 1 suur muna
- 1 tl vaniljeekstrakti
- 1 tass tuhksuhkrut
- 2 spl šampanjat (glasuuri jaoks)
- Katteks apelsinikoor

JUHISED:

a) Kuumuta ahi temperatuurini 350 °F (175 °C) ja määri sõõrikuvorm.

b) Sega kausis kokku universaalne jahu, granuleeritud suhkur, küpsetuspulber, sool ja apelsinikoor.

c) Sega eraldi kausis sulatatud või, apelsinimahl, šampanja, muna ja vaniljeekstrakt.

d) Lisage märjad koostisosad kuivadele koostisosadele ja segage, kuni need on lihtsalt segunenud.

e) Tõsta tainas lusikaga ettevalmistatud sõõrikupannile, täites iga süvend umbes 2/3 ulatuses.

f) Küpseta 12-15 minutit või kuni sõõrikutesse torgatud hambaork tuleb puhtana välja.

g) Vahusta väikeses kausis tuhksuhkur ja šampanja glasuuri saamiseks.

h) Kastke iga sõõrik glasuuri sisse, laske üleliigsel maha tilkuda, seejärel puistake üle apelsinikoorega.

89.Guinnessi šokolaadist stout sõõrikud

KOOSTISOSAD:
- 1 ¾ tassi universaalset jahu
- ½ tassi kakaopulbrit
- 1 tass granuleeritud suhkrut
- 2 tl küpsetuspulbrit
- ½ tl soola
- ¾ tassi Guinnessi stout
- ¼ tassi sulatatud soolata võid
- ½ tassi piima
- 1 suur muna
- 1 tl vaniljeekstrakti
- ½ tassi tuhksuhkrut
- 2 spl Guinnessi stouti (glasuuri jaoks)

JUHISED:

a) Kuumuta ahi temperatuurini 350 °F (175 °C) ja määri sõõrikuvorm.

b) Sega kausis kokku universaalne jahu, kakaopulber, granuleeritud suhkur, küpsetuspulber ja sool.

c) Segage eraldi kausis Guinnessi stout, sulatatud või, piim, muna ja vaniljeekstrakt.

d) Lisage märjad koostisosad kuivadele koostisosadele ja segage, kuni need on lihtsalt segunenud.

e) Tõsta tainas lusikaga ettevalmistatud sõõrikupannile, täites iga süvend umbes 2/3 ulatuses.

f) Küpseta 12-15 minutit või kuni sõõrikutesse torgatud hambaork tuleb puhtana välja.

g) Vahusta väikeses kausis tuhksuhkur ja Guinnessi stout glasuuri valmistamiseks.

h) Kasta iga sõõrik glasuuri sisse, lastes üleliigsel maha tilkuda.

TERAVILJA JA KAUUNILJAD

90. Maisileiva sõõrikud

KOOSTISOSAD:
- 1 tass maisijahu
- 1 tass universaalset jahu
- 2 supilusikatäit granuleeritud suhkrut
- 1 tl küpsetuspulbrit
- 1/2 tl söögisoodat
- 1/2 teelusikatäit soola
- 1 tass mandlipiima
- 1/4 tassi sulatatud kookosõli
- 1/4 tassi vahtrasiirupit
- 1/4 tassi maisiterad (värsked või konserveeritud)

JUHISED:
a) Kuumuta ahi temperatuurini 350 °F (175 °C) ja määri sõõrikuvorm.
b) Vahusta kausis maisijahu, universaalne jahu, suhkur, küpsetuspulber, sooda ja sool.
c) Sega eraldi kausis mandlipiim, sulatatud kookosõli ja vahtrasiirup.
d) Lisage märjad koostisosad kuivadele koostisosadele ja segage, kuni need on lihtsalt segunenud.
e) Murra sisse maisiterad.
f) Tõsta tainas lusikaga ettevalmistatud sõõrikupannile, täites iga süvend umbes 2/3 ulatuses.
g) Küpseta 12-15 minutit või kuni sõõrikutesse torgatud hambaork tuleb puhtana välja.
h) Lase sõõrikutel mõni minut pannil jahtuda, enne kui tõstad need restile täielikult jahtuma.

91.Kinoa ja mustade ubade sõõrikud

KOOSTISOSAD:
- 1 tass keedetud kinoat
- 1 tass keedetud musti ube, purustatud
- 1/2 tassi maisijahu
- 1/2 tassi täistera nisujahu
- 1 tl küpsetuspulbrit
- 1/2 teelusikatäit soola
- 1/2 tl köömneid
- 1/4 tl tšillipulbrit
- 1/4 tl paprikat
- 1/4 tassi magustamata mandlipiima
- 2 spl oliiviõli

JUHISED:
a) Kuumuta ahi temperatuurini 350 °F (175 °C) ja määri sõõrikuvorm.
b) Sega kausis keedetud kinoa, purustatud mustad oad, maisijahu, täistera nisujahu, küpsetuspulber, sool, köömned, tšillipulber, paprika, mandlipiim ja oliiviõli. Segage, kuni see on hästi segunenud.
c) Tõsta tainas lusikaga ettevalmistatud sõõrikupannile, täites iga süvend umbes 2/3 ulatuses.
d) Küpseta 15-18 minutit või kuni sõõrikutesse torgatud hambaork tuleb puhtana välja.
e) Lase sõõrikutel mõni minut pannil jahtuda, enne kui tõstad need restile täielikult jahtuma.

92.Kikerhernejahu ja köögiviljasõõrikud

KOOSTISOSAD:
- 1 tass kikerhernejahu
- 1/2 tassi riivitud suvikõrvitsat
- 1/4 tassi riivitud porgandit
- 1/4 tassi peeneks hakitud paprikat
- 2 supilusikatäit hakitud värsket koriandrit
- 1/2 tl köömneid
- 1/2 tl kurkumit
- 1/2 tl küpsetuspulbrit
- 1/4 teelusikatäit soola
- 1/4 tassi vett
- 2 spl oliiviõli

JUHISED:
a) Kuumuta ahi temperatuurini 350 °F (175 °C) ja määri sõõrikuvorm.
b) Sega kausis kikerhernejahu, riivitud suvikõrvits, riivitud porgand, hakitud paprika, koriander, köömned, kurkum, küpsetuspulber, sool, vesi ja oliiviõli. Segage, kuni see on hästi segunenud.
c) Tõsta tainas lusikaga ettevalmistatud sõõrikupannile, täites iga süvend umbes 2/3 ulatuses.
d) Küpseta 15-18 minutit või kuni sõõrikutesse torgatud hambaork tuleb puhtana välja.
e) Lase sõõrikutel mõni minut pannil jahtuda, enne kui tõstad need restile täielikult jahtuma.

93.Läätse ja pruuni riisi sõõrikud

KOOSTISOSAD:
- 1 tass keedetud pruunid läätsed
- 1 tass keedetud pruuni riisi
- 1/2 tassi täistera nisujahu
- 1/4 tassi toitainepärmi
- 2 spl jahvatatud linaseemneid segatuna 6 sl veega (linamuna)
- 1 tl küpsetuspulbrit
- 1/2 teelusikatäit soola
- 1/4 tl küüslaugupulbrit
- 1/4 tl sibulapulbrit
- 1/4 tl paprikat
- 1/4 tassi magustamata mandlipiima

JUHISED:
a) Kuumuta ahi temperatuurini 350 °F (175 °C) ja määri sõõrikuvorm.
b) Sega kausis keedetud pruunid läätsed, keedetud pruun riis, täistera nisujahu, toitev pärm, linamuna, küpsetuspulber, sool, küüslaugupulber, sibulapulber, paprika ja mandlipiim. Segage, kuni see on hästi segunenud.
c) Tõsta tainas lusikaga ettevalmistatud sõõrikupannile, täites iga süvend umbes 2/3 ulatuses.
d) Küpseta 15-18 minutit või kuni sõõrikutesse torgatud hambaork tuleb puhtana välja.
e) Lase sõõrikutel mõni minut pannil jahtuda, enne kui tõstad need restile täielikult jahtuma.

94.Hirsi- ja kikerhernesõõrikud

KOOSTISOSAD:
- 1 tass keedetud hirssi
- 1 tass keedetud kikerherneid, purustatud
- 1/2 tassi kaerajahu
- 1/4 tassi mandlijahu
- 2 spl jahvatatud linaseemneid segatuna 6 sl veega (linamuna)
- 1 tl küpsetuspulbrit
- 1/2 teelusikatäit soola
- 1/2 tl kuivatatud pune
- 1/4 tl küüslaugupulbrit
- 1/4 tl sibulapulbrit
- 1/4 tassi magustamata mandlipiima

JUHISED:
a) Kuumuta ahi temperatuurini 350 °F (175 °C) ja määri sõõrikuvorm.
b) Sega kausis keedetud hirss, purustatud kikerherned, kaerajahu, mandlijahu, linamuna, küpsetuspulber, sool, kuivatatud pune, küüslaugupulber, sibulapulber ja mandlipiim. Segage, kuni see on hästi segunenud.
c) Tõsta tainas lusikaga ettevalmistatud sõõrikupannile, täites iga süvend umbes 2/3 ulatuses.
d) Küpseta 15-18 minutit või kuni sõõrikutesse torgatud hambaork tuleb puhtana välja.
e) Lase sõõrikutel mõni minut pannil jahtuda, enne kui tõstad need restile täielikult jahtuma.

95. Tatra ja punase läätse sõõrikud

KOOSTISOSAD:
- 1 tass keedetud punaseid läätsi
- 1/2 tassi tatrajahu
- 1/4 tassi mandlijahu
- 2 spl jahvatatud linaseemneid segatuna 6 sl veega (linamuna)
- 1 tl küpsetuspulbrit
- 1/2 teelusikatäit soola
- 1/2 tl jahvatatud köömneid
- 1/4 tl jahvatatud koriandrit
- 1/4 tl kurkumit
- 1/4 tassi magustamata mandlipiima

JUHISED:
a) Kuumuta ahi temperatuurini 350 °F (175 °C) ja määri sõõrikuvorm.
b) Sega kausis keedetud punased läätsed, tatrajahu, mandlijahu, linamuna, küpsetuspulber, sool, jahvatatud köömned, jahvatatud koriander, kurkum ja mandlipiim. Segage, kuni see on hästi segunenud.
c) Tõsta tainas lusikaga ettevalmistatud sõõrikupannile, täites iga süvend umbes 2/3 ulatuses.
d) Küpseta 15-18 minutit või kuni sõõrikutesse torgatud hambaork tuleb puhtana välja.
e) Lase sõõrikutel mõni minut pannil jahtuda, enne kui tõstad need restile täielikult jahtuma.

96.Kikerherne ja maguskartuli sõõrikud

KOOSTISOSAD:
- 1 tass keedetud kikerherneid, purustatud
- 1/2 tassi keedetud ja purustatud maguskartulit
- 1/2 tassi kaerajahu
- 1/4 tassi mandlijahu
- 2 spl jahvatatud linaseemneid segatuna 6 sl veega (linamuna)
- 1 tl küpsetuspulbrit
- 1/2 teelusikatäit soola
- 1/2 tl jahvatatud köömneid
- 1/4 tl paprikat
- 1/4 tl küüslaugupulbrit
- 1/4 tassi magustamata mandlipiima

JUHISED:
Kuumuta ahi temperatuurini 350 °F (175 °C) ja määri sõõrikuvorm.

Sega kausis purustatud kikerherned, bataadipüree, kaerajahu, mandlijahu, linamuna, küpsetuspulber, sool, jahvatatud köömned, paprika, küüslaugupulber ja mandlipiim. Segage, kuni see on hästi segunenud.

Tõsta tainas lusikaga ettevalmistatud sõõrikupannile, täites iga süvend umbes 2/3 ulatuses.

Küpseta 15-18 minutit või kuni sõõrikutesse torgatud hambaork tuleb puhtana välja.

Lase sõõrikutel mõni minut pannil jahtuda, enne kui tõstad need restile täielikult jahtuma.

97.Läätse ja kinoa sõõrikud

KOOSTISOSAD:
- 1 tass keedetud läätsi, püreestatud
- 1 tass keedetud kinoat
- 1/2 tassi täistera nisujahu
- 1/4 tassi mandlijahu
- 2 spl jahvatatud linaseemneid segatuna 6 sl veega (linamuna)
- 1 tl küpsetuspulbrit
- 1/2 teelusikatäit soola
- 1/2 tl kuivatatud tüümiani
- 1/4 tl sibulapulbrit
- 1/4 tl küüslaugupulbrit
- 1/4 tassi magustamata mandlipiima

JUHISED:
a) Kuumuta ahi temperatuurini 350 °F (175 °C) ja määri sõõrikuvorm.
b) Sega kausis püreestatud läätsed, keedetud kinoa, täistera nisujahu, mandlijahu, linamuna, küpsetuspulber, sool, kuivatatud tüümian, sibulapulber, küüslaugupulber ja mandlipiim. Segage, kuni see on hästi segunenud.
c) Tõsta tainas lusikaga ettevalmistatud sõõrikupannile, täites iga süvend umbes 2/3 ulatuses.
d) Küpseta 15-18 minutit või kuni sõõrikutesse torgatud hambaork tuleb puhtana välja.
e) Lase sõõrikutel mõni minut pannil jahtuda, enne kui tõstad need restile täielikult jahtuma.

98. Musta oa ja pruuni riisi sõõrikud

KOOSTISOSAD:
- 1 tass keedetud musti ube, purustatud
- 1 tass keedetud pruuni riisi
- 1/2 tassi kaerajahu
- 1/4 tassi mandlijahu
- 2 spl jahvatatud linaseemneid segada 6 spl veega
- 1 tl küpsetuspulbrit
- 1/2 teelusikatäit soola
- 1/2 tl tšillipulbrit
- 1/4 tl köömneid
- 1/4 tl küüslaugupulbrit
- 1/4 tassi magustamata mandlipiima

JUHISED:
a) Kuumuta ahi temperatuurini 350 °F (175 °C) ja määri sõõrikuvorm.
b) Sega kausis purustatud mustad oad, keedetud pruun riis, kaerajahu, mandlijahu, linamuna, küpsetuspulber, sool, tšillipulber, köömned, küüslaugupulber ja mandlipiim. Segage, kuni see on hästi segunenud.
c) Tõsta tainas lusikaga ettevalmistatud sõõrikupannile, täites iga süvend umbes 2/3 ulatuses.
d) Küpseta 15-18 minutit või kuni sõõrikutesse torgatud hambaork tuleb puhtana välja.
e) Lase sõõrikutel mõni minut pannil jahtuda, enne kui tõstad need restile täielikult jahtuma.

99.Kinoa- ja kikerhernejahust sõõrikud

KOOSTISOSAD:
- 1 tass keedetud kinoat
- 1/2 tassi kikerhernejahu
- 1/4 tassi kaerajahu
- 2 spl jahvatatud linaseemneid segada 6 spl veega
- 1 tl küpsetuspulbrit
- 1/2 teelusikatäit soola
- 1/2 tl kuivatatud rosmariini
- 1/4 tl küüslaugupulbrit
- 1/4 tl sibulapulbrit
- 1/4 tassi magustamata mandlipiima

JUHISED:
a) Kuumuta ahi temperatuurini 350 °F (175 °C) ja määri sõõrikuvorm.
b) Sega kausis keedetud kinoa, kikerhernejahu, kaerajahu, linamuna, küpsetuspulber, sool, kuivatatud rosmariin, küüslaugupulber, sibulapulber ja mandlipiim. Segage, kuni see on hästi segunenud.
c) Tõsta tainas lusikaga ettevalmistatud sõõrikupannile, täites iga süvend umbes 2/3 ulatuses.
d) Küpseta 15-18 minutit või kuni sõõrikutesse torgatud hambaork tuleb puhtana välja.
e) Lase sõõrikutel mõni minut pannil jahtuda, enne kui tõstad need restile täielikult jahtuma.

100.Läätse- ja tatrasõõrikud

KOOSTISOSAD:
- 1 tass keedetud läätsi, püreestatud
- 1/2 tassi tatrajahu
- 1/4 tassi mandlijahu
- 2 spl jahvatatud linaseemneid segatuna 6 sl veega (linamuna)
- 1 tl küpsetuspulbrit
- 1/2 teelusikatäit soola
- 1/2 tl kuivatatud tüümiani
- 1/4 tl küüslaugupulbrit
- 1/4 tl sibulapulbrit
- 1/4 tassi magustamata mandlipiima

JUHISED:
a) Kuumuta ahi temperatuurini 350 °F (175 °C) ja määri sõõrikuvorm.
b) Sega kausis püreestatud läätsed, tatrajahu, mandlijahu, linamuna, küpsetuspulber, sool, kuivatatud tüümian, küüslaugupulber, sibulapulber ja mandlipiim. Segage, kuni see on hästi segunenud.
c) Tõsta tainas lusikaga ettevalmistatud sõõrikupannile, täites iga süvend umbes 2/3 ulatuses.
d) Küpseta 15-18 minutit või kuni sõõrikutesse torgatud hambaork tuleb puhtana välja.
e) Lase sõõrikutel mõni minut pannil jahtuda, enne kui tõstad need restile täielikult jahtuma.

KOKKUVÕTE

Loodan, et see sõõrikute kokaraamat on inspireerinud teid proovima kodus sõõrikuid valmistada. Olenemata sellest, kas olete algaja või kogenud pagar, leiate siit sõõriku retsepti, mida saate proovida. Alates klassikast kuni loomingulisemate maitseteni on omatehtud sõõrikute võimalused lõputud.

Ärge unustage lõbutseda ja olge sõõriku valmistamisel loominguline. Sõõrikud on mõeldud nautimiseks, nii et ärge pingutage nende täiuslikuks muutmise pärast liiga palju. Katsetage erinevate lisandite ja täidistega ning mis kõige tähtsam, nautige enda loodud magusat maiust.

Täname, et kasutasite seda kokaraamatut ja head küpsetamist!

www.ingramcontent.com/pod-product-compliance
Lightning Source LLC
Chambersburg PA
CBHW071321110526
44591CB00010B/969